dtv

Reihe Hanser

Die besten bösen Witze sind in diesem Band zusammengestellt. Da ist für jeden etwas dabei.

Frank N. Stein, geboren 1940, verließ die Schule ohne Abschluss, da er sich nachts leidenschaftlich gern auf Friedhöfen herumtrieb und im Unterricht einschlief. Sein Hobby machte er zu seinem Beruf und wurde Friedhofsgärtner. Seine Leidenschaft für böse Witze teilt er mit seinen Arbeitskollegen.

Harry Madcock, geboren 1964 in Finsterbergen, zeichnet wo er geht und steht. Am liebsten auf Beerdigungen. Dort hat er Frank N. Stein kennen gelernt, und nach vielen Nächten beschlossen sie gemeinsam dieses Buch zu machen.

Frank N. Stein

Böse Witze

Mit Illustrationen
von Harry Madcock

Deutscher Taschenbuch Verlag

Originalausgabe
In neuer Rechtschreibung
Juli 2001

www.dtv.de
mit Illustrationen von Harry Madcock
Umschlagbild: Harry Madcock
Satz: Fotosatz Reinhard Amann, Aichstetten
Gesetzt aus der ITC Galliard 10,5/13˙ (QuarkXPress)
Druck und Bindung: C. H. Beck'sche Buchdruckerei,
Nördlingen
Gedruckt auf säurefreiem, chlorfrei gebleichtem Papier
Printed in Germany · ISBN 3-423-62060-9

Zwei Jäger auf Entenjagd. Der eine legt an, zielt, schießt und eine tote Ente fällt direkt vor seine Füße. Triumphierend schaut er zum anderen Jäger rüber: »Na?«
»Guter Schuss!«, lobt der andere. »Aber völlig überflüssig. Den Sturz hätte sie sowieso nicht überlebt!«

Ein Glatzkopf und ein Stotterer begegnen sich auf der Straße.
Fragt der Stotterer den Glatzkopf hämisch: »S-s-sag mal, w-w-was kostet eigentlich b-b-bei dir ein Haarschnitt?«
Antwortet der Glatzkopf dem Stotterer: »Weniger als für dich ein Ortsgespräch!«

Ein Kunde betritt eine Tierhandlung und fragt nach einem unterhaltsamen Haustier.
»Da hätte ich was für Sie«, meint der Tierhändler, »ein bengalisches Stepphuhn! Es steppt Tag und Nacht!«
Der Kunde ist begeistert und nimmt den Käfig mit dem Huhn mit. Nach einer Woche bringt er den Käfig mit dem Huhn zurück: »Das Stepphuhn hat aufgehört zu steppen, ist es krank?«
Der Tierhändler nimmt den Käfig und schaut kurz darunter: »Nein, vermutlich ist nur die Heizplatte defekt!«

Eine Giraffe und ein Hase unterhalten sich.
Sagt die Giraffe: »Hase, wenn du wüsstest, wie schön das ist, einen langen Hals zu haben. Das ist sooo toll! Jedes leckere Blatt, das ich esse, wandert langsam meinen langen Hals hinunter und ich genieße diese Köstlichkeit sooo lange.«
Der Hase guckt die Giraffe ausdruckslos an.
»Und erst im Sommer, Hase, ich sag dir, das kühle Wasser ist so köstlich erfrischend, wenn es langsam meinen langen Hals hinunterfließt. Das ist sooo schön, einfach toll, so einen langen Hals zu haben. Hase, kannst du dir das vorstellen?«
Der Hase guckt die Giraffe ungerührt an: »Schon mal gekotzt?«

Bei einem Abschlag am 17. Loch passiert es: Der Ball fliegt über den Platz hinaus, durchschlägt die Frontscheibe eines Kleinwagens, der daraufhin ins Schleudern kommt und einen Schulbus rammt. Dieser kommt von der Straße ab und bohrt sich in die Fensterscheibe eines Supermarktes. Das Gebäude stürzt daraufhin teilweise ein und begräbt Dutzende von Menschen unter den Trümmern.
Völlig verzweifelt stammelt der Golfer: »Wie konnte denn das nur passieren?«
Darauf sein Spielpartner: »Du hast den Daumen zu weit abgespreizt.«

FUSS!
PLATZ!
PENG!
BRAVER HUND!

Ein Blinder sitzt in der Kneipe und brüllt in die Runde: »He, soll ich euch mal einen tollen Blondinenwitz erzählen?«
Mit einer tiefen, rauen Stimme antwortet der Kerl rechts neben ihm: »Bevor du diesen Witz erzählst, solltest du etwas wissen: Der Wirt ist blond, ich bin blond. Ich bin etwa 1 Meter 90 groß und habe den schwarzen Gürtel. Der Wirt wiegt etwa 130 Kilo und ist ein ehemaliger Catcher. Der Kerl neben mir ist Gewichtheber, stemmt jeden Tag einen Kleinwagen. Links von dir sitzt ein kanadischer Holzfäller, der ist etwa zwei Meter groß und schlägt die Bäume per Hand. Jeder von uns ist blond. Denk gut darüber nach. Willst du immer noch diesen Witz erzählen?«
Der Blinde antwortet: »Nö, nicht wenn ich ihn vier Mal erklären muss!«

Ein Manager ruft vom Büro aus zu Hause an. Der kleine Sohn geht an den Apparat: »Hallo?«
»Ich bin es, hol mir doch mal bitte die Mami.«
»Papa, das geht gerade nicht.«
»Warum denn nicht?«
»Die liegt mit einem anderen Mann im Bett.«
»Pass auf, mein Sohn, du gehst jetzt in den Keller, da hängt eine Axt. Die nimmst du, haust erst dem Mann eins auf den Kopf und dann der Mami, und dann kommst du wieder.«
Nach fünf Minuten:
»Hab ich gemacht, Papa!«

»Brav, mein Sohn, und jetzt nimmst du die Mami und schleifst sie zum Swimmingpool.«
»Aber Papa, wir haben doch gar keinen Swimmingpool!«
Mist, schon wieder verwählt!

»Aus Ihren Handlinien lese ich Schreckliches«, raunt die Wahrsagerin. »Es wird ein böses Ende mit Ihnen nehmen, man wird Sie töten, kochen und aufessen.«
»Moment«, unterbricht sie der Kunde, »lassen Sie mich doch erst mal meine Schweinslederhandschuhe ausziehen!«

Wie holt man einen Einarmigen vom Baum? Man winkt ihm zu!

Arzt zur neuen Sprechstundenhilfe: »Ich rede nicht viel. Wenn ich mit den Fingern schnippe, kommen Sie sofort.«
»Ich rede auch nicht viel. Wenn ich den Kopf schüttle, komme ich nicht.«

Dame zum Empfangschef des Hotels: »Ist mein Mann schon eingetroffen?«
»Sein Name, gnädige Frau?«
»Siebert oder Sabert oder so ähnlich.«

In einer Glaskugel im Wohnzimmer schwimmen zwei Goldfische. Sagt der eine zum andern: »Hast du am Sonntag schon was vor?«

Sagt der Patient zum Doktor: »Ich kann mich nicht zwischen Operation und Sterben entscheiden.«
Sagt der Doktor: »Mit ein bisschen Glück können Sie vielleicht beides haben.«

Richter: »Sie bestreiten also nicht, Ihren Mann während der Fußballübertragung erschossen zu haben?«
Angeklagte: »Nein.«
»Was waren seine letzten Worte?«
»Schieß doch! Schieß doch endlich, du Pfeife!«

Kommt ein Skelett zum Zahnarzt, sagt der Zahnarzt: »Ihre Zähne sind gut, aber Ihr Zahnfleisch macht mir Sorgen.«

Was war der erste Mann auf dem Mond?
Ein guter Anfang!

»Meine Großmutter hatte Recht, als sie damals sagte, ich solle nachts nie in eine Bar gehen, weil es dort Dinge zu sehen gäbe, die ich nicht sehen dürfe.«
»Und was hast du gesehen?«
»Meine Großmutter.«

NEIN!
NUR DEN BLINDDARM! ALLES ANDERE TUN SIE SCHÖN WIEDER REIN!

Die Kollegen unterhalten sich über ihr Familienleben.
Sagt Meier:
»Wenn ich nach Hause komme, stelle ich mich direkt vor den Fernseher. Dann wissen die Kinder wenigstens, dass ich da bin.«

»Herr Doktor, ist das eine seltene Krankheit, die ich habe?«
»Blödsinn, die Friedhöfe sind voll davon!«

Ein verbitterter und enttäuscht aussehender Mann kommt in die Kneipe, steigt vorsichtig über einen Mann, der vor dem Tresen auf dem Boden liegt, zeigt auf den Liegenden und sagt zum Barkeeper: »Einmal dasselbe bitte!«

Die Schüler müssen einen Aufsatz über die Ehe schreiben. In Dieters Aufsatz ist zu lesen:
»Bei uns darf jede Frau nur einen Mann haben, aber jeder Mann auch nur eine Frau. Der Fachausdruck hierfür lautet: Monotonie!«

Kommt ein Skelett zum Arzt, sagt der Arzt: »Sie hätten früher kommen sollen!«

»Herr Doktor, können Sie mir helfen?«
»Hmm, ich verschreibe Ihnen erst mal ein paar Moorbäder.«
»Und die helfen mir?«
»Nein, aber Sie gewöhnen sich schon mal an die feuchte Erde.«

»Ich möchte gern einen Papagei für meine Frau.«
»Tut mir Leid, wir machen keine Tauschgeschäfte.«

Kommt ein Mann in die Apotheke und sagt: »Ich hätte gerne eine Packung Acetylsalicylsäure.«
Darauf der Apotheker: »Sie meinen Aspirin?«
Der Mann: »Ja, genau, ich kann mir dieses blöde Wort nicht merken!«

Der kleine Maxl kommt zum Altwarenhändler Schulze.
»Kaufen Sie mir das Alteisen ab?«
Schulze schaut verwundert.
»Sag mal, wo hast du denn das her? Das ist ja ein wunderbarer kleiner Motor!«
»Och«, sagt der kleine Maxl, den hab ich meinem Opa aus der eisernen Lunge ausgebaut!«
»Um Himmels willen, was hat denn dein Großvater dazu gesagt?«
»Nicht viel, nur pchchchchchchchch ...«

Um die Gefährlichkeit des Alkohols zu demonstrieren, legt der Lehrer in der Biologiestunde einen Wurm in ein Glas mit Schnaps und einen in ein Glas mit Wasser. Der Wurm im Schnapsglas geht sofort zugrunde, während der Wurm im Wasserglas putzmunter ist.
»Was kann man daraus schließen?«, fragt der Lehrer die Klasse.
»Ganz einfach«, meldet sich ein Schüler, »wer Schnaps trinkt, bekommt keine Würmer.«

Im Reisebüro. »Buchen Sie uns eine Reise durch die ärmsten Länder der Welt! Der Preis spielt keine Rolle.«

Ein Arzt wird auf dem Friedhof von einem Patienten angesprochen: »Na, Herr Doktor, machen Sie Inventur?«

Eva schaut Adam ganz tief in die Augen und fragt:
»Liebst du mich denn auch wirklich?«
Brummt er:
»Wen denn sonst?«

Frau Meier kommt mit ihrer Tochter zum Arzt.
Der Arzt fragt sie: »Stottert Ihre Tochter immer so?«
»Nein, nur wenn sie was sagen will.«

FINDEN SIE NICHT AUCH, DASS MIR MEIN BABY AUFFALLEND ÄHNLICH SIEHT?
JA. ABER KEINE ANGST, DAS GIBT SICH MIT DER ZEIT!

»Frank«, sagt der Vater zu seinem ältesten Sohn, »hol mir doch mal bitte eine Flasche Bier.«
»Tut mir leid, Papi, aber ich bin um fünf verabredet.«
»Dann geh du«, bittet er seine fünfzehnjährige Tochter.
»Papi, gleich kommt Jan mit seinen neuen CD's.«
Meint die zwölfjährige Tochter:
»Papi, ärgere dich nicht. Geh halt selbst und bring mir 'ne Schachtel Zigaretten mit.«

Der Zahnarzt zum Patienten: »Es wird etwas weh tun! Beißen Sie die Zähne zusammen und machen Sie den Mund auf!«

Ludwig fällt zum zweiten Mal durch die Prüfung.
»Das musste ja so kommen«, jammert er, »derselbe Saal, dieselben Prüfer und dieselben Fragen.«

Der Gerichtsvorsitzende: »Sagen Sie die Wahrheit, Angeklagter! Haben Sie einen Stuhl gegen Ihre Frau geschleudert – ja oder nein?«
»Jawohl, ich habe.«
»Bereuen Sie die Tat? Tut es Ihnen heute Leid?«
»Natürlich tut es mir Leid, Herr Vorsitzender. Der Stuhl war noch ziemlich neu.«

Die goldenen Trostworte des Chirurgen:
»Sie fragen mich, was ist, wenn die Operation schief geht? Da machen Sie sich mal keine Sorgen – das merken Sie gar nicht.«

Ein Einbrecher steigt in ein leeres Haus ein. Im ersten Stock hört er auf einmal eine Stimme: »Ich sehe dich und Engelchen sieht dich auch!«
Der Einbrecher schrickt zusammen und sucht mit einer Taschenlampe nach dem Besitzer der Stimme.
Wieder hört er: »Ich sehe dich und Engelchen sieht dich auch!« Im Lichtkreis der Lampe wird ein Papagei sichtbar.
»Dämlicher Vogel«, sagt der Einbrecher, schaltet das Licht an und erblickt einen mächtigen Dobermann, der ihn mit funkelnden Augen anstarrt. Da hört er wieder die Stimme: »Engelchen, fass!«

Ein Medizinstudent soll im gynäkologischen Praktikum an einer Puppe eine Zangengeburt demonstrieren. Nach vollbrachter Tat wendet er sich stolz dem Professor zu. »Ausgezeichnet, mein Lieber«, meint dieser. »Jetzt brauchen Sie bloß noch dem jungen Vater mit der scharfen Kante der Geburtszange ein paar Schläge über den Kopf zu geben, dann haben Sie die ganze Familie umgebracht!«

Die Kinder kommen nach Hause.
Sagt das eine:
»Die Eltern müssen wichtigen Besuch haben.«
»Wieso?«
»Mama lacht über Papas Witze.«

Nach der Treibjagd inspiziert der Baron die Strecke. »31 Fasane, 15 Rebhühner, 28 Hasen, 1 Wildsau, 1 Treiber...« Dem Baron stockt der Atem. Dann rast er mit dem Schwerverletzten ins Krankenhaus. »Die paar Schrotkugeln hätten ihm kaum geschadet«, erklärt der Chefarzt, »aber dass Ihre Leute den Mann ausgenommen haben, wird er kaum überleben.«

Der Zahnarzt: »Mein Gott, haben Sie ein großes Loch im Zahn – großes Loch im Zahn.«
Darauf der Patient: »Das brauchen Sie doch nicht zweimal sagen.«
Zahnarzt: »Das war ja auch das Echo.«

Zwei Schulfreunde treffen sich. Einer ist Seemann geworden und hat einen Haken statt der rechten Hand.
»Was hast du denn mit deiner Hand gemacht?«
»Tja, Shanghai. Ich will über Bord klettern, da schlagen die mir einfach die Hand ab.«
Beide treffen sich später wieder. Der Seemann hat nun auch noch ein Glasauge.
»Na, wieder in Shanghai passiert?«
»Nein, Helgoland.«
»Wieso in Helgoland?«
»Ich gehe am Strand spazieren, scheißt mir eine Möwe ins Auge – beim Versuch, den Dreck rauszuwischen, habe ich nicht an den Haken gedacht!«

Der Arzt zum Patienten: »Sie haben eine sehr seltene, sehr ansteckende Krankheit. Wir müssen Sie in die Quarantänestation verlegen und dort bekommen Sie nur Kartoffelpuffer und Spiegeleier zu essen.«
Darauf der Patient eingeschüchtert: »Werde ich davon denn wenigstens wieder gesund?«
»Nein, aber das ist das Einzige, was sich unter der Tür durchschieben lässt.«

Eine junge Frau lässt ihr Kind auf den Namen »Kolibri« taufen. Der Pfarrer fragt: »Warum ausgerechnet Kolibri?« – »Na ja, weil ich nicht weiß, ob es der Kohlenmann, der Lichtmann oder der Briefträger war...!«

»Frau Simone, wenn Sie mich so anlachen, wünsche ich mir, dass Sie mich besuchen kommen.«
»Sie Schmeichler, Sie.«
»Nun ja, wie man es nimmt. Ich bin Zahnarzt.«

Der Jockey ist als Letzter durchs Ziel gegangen. Der Rennstallbesitzer schimpft: »Zum Teufel, Sie hätten bestimmt schneller sein können!«
»Klar«, sagt der Jockey, »aber ich musste ja beim Pferd bleiben.«

Die Krankenschwester versucht, einen Patienten aufzuwecken. Fragt der Pfleger: »Was machen Sie denn da?«
Die Schwester: »Ich muss ihn unbedingt wach kriegen, er hat vergessen, seine Schlaftabletten zu nehmen!«

Eine Frau erzählt: »Mein Mann ist ein Glückspilz. Vor drei Tagen hat er eine Unfallversicherung abgeschlossen und gestern ist er von einem Lastkraftwagen überfahren worden.«

Mitternacht in der Kleinstadt. Lautes Klopfen an der Haustür weckt den Landarzt. Schlaftrunken fragt er:
»Was gibt's?«
»Was verlangen Sie für einen Krankenbesuch auf einem Bauernhof, ungefähr sieben Kilometer von hier?«
»25 DM.«
»Okay, dann kommen Sie schnell.«
Der Arzt zieht sich an, nimmt seine Tasche, holt das Auto aus der Garage und lässt sich von seinem nächtlichen Besucher zu dem abgelegenen Hof lotsen.
»Hier sind die 25 DM.«
»Und wo ist der Kranke?«
»Es gibt gar keinen. Aber ich konnte beim besten Willen um diese Zeit kein Taxi auftreiben.«

Fritzi ist mit seiner Mutter beim Hausarzt. Fritzi interessiert sich für alles und jedes im Sprechzimmer. Der Arzt: »Du willst sicher später Arzt werden?« Die Mutter: »Nein, er kann nicht mal eine Fliege töten!«

Fragt der Lehrer:
»Hans, wann wurde die Bundeswehr das erste Mal geschichtlich erwähnt?«
»In der Bibel, Herr Lehrer!«
»Wieso in der Bibel?«
»Dort steht geschrieben: Sie trugen seltsame Gewänder und irrten planlos umher!«

Der kleine Maxi war beim Arzt und bekam eine Spritze. Anschließend fragt die Mama die Arzthelferin: »Und, hat er sich wie ein Mann benommen?«
Darauf die Arzthelferin: »Im Gegenteil, er war sehr tapfer!«

Ein Betrunkener wankt zu später Stunde durch die menschenleeren Straßen. Bei einer Litfaßsäule sucht er Halt und tastet sich weiter, einmal, zweimal, dreimal um die Säule herum. Plötzlich bricht er schluchzend in die Knie und murmelt: »Eingemauert.«

Ein Arzt kommt ganz aufgeregt in die Leichenhalle gestürzt: »Herr Meier, Herr Meier, ich habe eine gute Nachricht für Sie, meine Uhr ist stehen geblieben, nicht Ihr Puls!«

Psychiater: »Ich kenne Ihr Problem noch nicht, darum fangen Sie am besten ganz am Anfang an.«
»Am Anfang schuf ich Himmel und Erde.«

»Mutti, wie lange bist du schon mit Vati verheiratet?«
»Zehn Jahre, mein Kind.«
»Und wie lange musst du noch?«

Fragt der Urologe: »Brennt es, wenn Sie Wasser lassen?«
Patient: »Angezündet habe ich's noch nicht.«

Wie bricht man einer Blondine das Nasenbein? Man legt einen Hunderter unter den Glastisch!

Der Ober sagt zu einer Dame:
»Haben Sie nicht bemerkt, dass Ihr Gatte unter den Tisch gerutscht ist?«
»Sie irren sich, Herr Ober. Mein Gatte ist soeben zur Tür hereingekommen!«

Nach einer Untersuchung bei seinem Hausarzt wartet der sexuell aktive Junggeselle auf das Ergebnis. »Nun«, sagt der Doktor, »ich habe gute und schlechte Neuigkeiten für Sie.«
»So wie ich mich fühle, geben Sie mir bitte die gute zuerst«, entgegnet der Junggeselle.
»Die gute Nachricht ist«, erklärt der Doktor, »dass Ihr Penis seit der letzten Untersuchung um 4 Zentimeter gewachsen ist.«
»Wow! Genial! Geil! Weiter so!«, sagte der Mann. »Und nun bitte die schlechte Nachricht?«
»Es ist bösartig.«

Geht ein Deutscher durch Kreuzberg und fragt einen Türken: »Wo geht's hier nach Karstadt?«
Sagt der Türke: »Zu Karstadt.«
Darauf der Deutsche: »Was, schon zu?«

Die Wahrsagerin zur Hausfrau:
»Ich sehe in der Kugel finsteres Unheil. Ihr Mann wird morgen sterben.«
Die Hausfrau meint ungeduldig: »Ja, das weiß ich schon. Was mich viel mehr interessiert: Werde ich freigesprochen?«

Unterhalten sich zwei Fünfjährige:
»Stell dir vor«, sagt der eine, »gestern habe ich auf der Veranda ein Noppenkranzkondom gefunden.«
Fragt der andere:
»Was ist denn eine Veranda?«

Nach dem letzten Abendmahl erscheint der Kellner und fragt: »Alles zusammen?«
»Nein«, sagt Judas. »Bitte getrennt.«

Seit einer halben Stunde blättert die frisch entbundene Mutter im Telefonbuch. Die Stationsschwester erbarmt sich ihrer und gibt ihr eine Liste mit Vornamen.
»Das nützt nichts«, sagt die junge Frau, »den Vornamen weiß ich schon seit neun Monaten.«

Er: »Lass uns heute ausgehen und Spaß haben.«
Sie: »Gut, aber wenn du vor mir nach Hause kommst, lass die Tür offen.«

Ein Ehepaar besucht ein Geschäft, in dem funktionsfähige menschliche Gehirne zum Verkauf angeboten werden.
Die Männergehirne kosten DM 1000, 2000 bis 5000 DM, in der Abteilung Frauengehirne sind viel niedrigere Preise angeschrieben: 300, 700, 1000 DM.

»Warum sind die Frauenhirne viel billiger als die der Männer?«, fragt die verwunderte Ehefrau.
»Ist doch klar«, gibt der Verkäufer Auskunft: »Die sind doch gebraucht.«

Der Buchhalter zur neuen Sekretärin:
»Liebe Elfi. Letzte Nacht hab ich geträumt, dass Sie mich lieben. Was hat das wohl zu bedeuten?«
»Dass Sie geträumt haben.«

»Was versteht der Chef denn unter Meinungsaustausch«, will die neue Kollegin wissen.
»Ganz einfach, wenn du mit deiner Meinung zu ihm reingehst und mit seiner wieder rauskommst.«

Ein frisch gebackener Ehemann wird auf der Hochzeitsreise krank. Seine Frau holt den Hotelarzt. Der untersucht ihn und meint: »Ihr Mann sieht aber nicht gut aus.«
»Ich weiß, aber sein Vater hat 'ne Menge Geld.«

Mariechen wundert sich im Religionsunterricht: »Gott muss von Adam sehr enttäuscht gewesen sein. Er hat Eva so anders gemacht.«

»Gott sei Dank!«, ruft der Kannibale und führt den Glatzköpfigen zur Kochstelle, »endlich mal einer, den wir nicht rupfen müssen.«

»Du, Vati, heute war wieder der Mann vom Umweltschutz hier!«
»Vom Umweltschutz?«
»Ja, jedes Mal fragt er Mutti, ob die Luft rein ist.«

Ein Kind in der Badewanne.
»Mami, wo ist denn der Waschlappen?«
»Der ist Zigaretten holen gegangen.«

Eine Frau besteigt mit ihrem Mann ein Sportflugzeug, um einen Rundflug zu machen.

»Wenn Sie es durchhalten, kein Wort zu sagen, während wir oben sind«, verspricht der Pilot, »zahlen Sie für den Flug nur den halben Preis.«
Nach einer Stunde mit vielen akrobatischen Leistungen des Piloten setzen sie zur Landung an.
»Meine Hochachtung«, sagt der Pilot, »Sie können wirklich schweigen.«
»Es ist mir allerdings nicht leicht gefallen«, sagt die Frau, »beinahe hätte ich Sie angesprochen, als beim letzten Looping mein Mann hinausfiel.«

Zwei Kolleginnen treffen sich in der Oper.
»Darf ich Ihnen meinen ... Neffen vorstellen?«
»Danke, nicht nötig, er war auch schon mal mein Neffe.«

Der Arzt fragt: »Gnädige Frau, wollen Sie nicht auch etwas für unser neues Trinkerheim beisteuern?«
»Ja, gern. Ich schicke Ihnen meinen Mann.«

Der Kapitän erkundigt sich bei seinem Navigator nach der Position des Flugzeugs. Der liest die Position ab und schlägt stumm das Kreuzzeichen.
»Was machen Sie da?«, fragt verdutzt der Kapitän. »Ja, wissen Sie«, meint da der Navigator, »wenn meine Berechnungen stimmen, befinden wir uns im Anflug auf die Peterskirche.«

GLETSCHER-
SPALTE
AAAAAH!!!!
FRANZ! LEBST DU NOCH?
JA!
SO EIN GLÜCK! WIE IST DAS NUR MÖGLICH!?
ICH FALL NOCH!!

»Ich hätte ja wirklich mehr Vertrauen in deine Ratschläge, Mutti«, sagt die flügge gewordene Tochter, »wenn du Papa nicht geheiratet hättest.«

Ein mürrischer Farmer, der Kinder hasst, heiratet seine hübsche Haushälterin, Mutter eines sechsjährigen Jungen. Bald nach der Hochzeit fährt die junge Frau für einige Tage in die nächste große Stadt, um Besorgungen zu machen. Nach ihrer Rückkehr fragt sie ihren kleinen Sohn, wie er sich mit seinem neuen Papi verstanden habe.

»Es ging«, antwortet der Junge. »Jeden Morgen ist er mit mir im Ruderboot zur Mitte des Sees gefahren und hat mich zurückschwimmen lassen.«

»Du lieber Himmel!«, sagt die Mutter. »War das nicht viel zu weit für dich?«

»Ach, ich hab's ganz gut geschafft«, sagt der Kleine. »Das einzig Schwierige war nur, aus dem Sack herauszukommen!«

»Nun, Fritzchen, wie gefällt dir dein Brüderchen?«, fragt der Lehrer.

»Also wissen Se – keen anständiges Fernsehjerät im Haus, aba für soon Quatsch ham Se Jeld!«

Im Hotel. »Mein Mann ist hier zum Ärztekongress abgestiegen!« – »Wie ist bitte der werte Name?« – »Auerhahn, – darf ich das Gästebuch mal sehen?« – »Bitte!« – »Na also! Hier steht es ja: Dr. Auerhahn und Frau. Ach, der Gute hat geahnt, dass ich komme, da wird er sich aber freuen!«

Weltreisender über Erlebnisse plaudernd: »Es gibt geradezu fürchterliche Naturerscheinungen!« – »Dös glaab i«, sagt der Münchner, »i hab aaa so oane dahoam!«

Im Haus der Kunst. »Wie kommt es, dass manche der alten Meister ihre Bilder nicht signiert haben?« – »Ja, dös war damals no net nötig, weil ma da g'wusst hat, wos oben und unten is!«

Sie: »Nimm dir doch endlich einmal ein Beispiel an den Tieren, die trinken nicht mehr, als sie Durst haben!« Er: »Ja, – und reden tun die überhaupt nix!«

»So, eine Vergangenheit hätte ich, nun muss ich ernstlich an die Zukunft denken!«

Ein Motorradfahrer zieht als Schutz gegen den kalten Wind seine lederne Motorradjacke verkehrt herum an. Er verunglückt. Menschen stehen um ihn herum. Die Polizei erscheint an der Unfallstelle. Der Verunglückte liegt da. Die Polizei erkundigt sich, ob er etwas gesagt oder ob er sich bewegt hätte. Einer erklärt: »Am Anfang schon, aber seitdem wir ihm den Kopf zurechtgerückt haben, seitdem sagt er nichts mehr.«

Eine Dame erscheint in der Sparkasse: »Ich möchte mein ganzes Konto abheben.« Es wird ihr ausgezahlt. Dann sagt sie: »Jetzt zahle ich es wieder ein, ich wollte nur einmal nachprüfen, ob das Geld noch da ist.«

Ein Schwabe betritt die Schalterhalle einer Schweizer Bank und sagt flüsternd zu einem Angestellten: »Kann man hier Geld anlegen?« Der Angestellte: »Um wie viel handelt es sich?« Der Schwabe flüstert: »Um 2 Millionen Franken!« Der Angestellte: »Sie können ruhig laut reden. Armut ist in der Schweiz keine Schande.«

»Ist es wahr, was Opa gesagt hat«, fragt Sabinchen ihre Mutter, »dass der liebe Gott uns zweimal die Zähne schenkt und dass wir sie beim dritten Mal selber bezahlen müssen?«

Sehr nervös wartet ein Vater in der Entbindungsstation. Endlich kommt die Schwester mit Drillingen. Sagt der Vater: »Toller Service, ich glaube, ich nehme den in der Mitte.«

HILFE! ICH ERTRINKE! ICH KANN NICHT SCHWIMMEN!
WIE HEISSEN SIE?
KRÄUTLE! HILFE!
WO WOHNEN SIE?
CANNSTATT, BADSTRAßE!
WELCHE HAUSNUMMER?
VIERZEHN!
DANKE! ICH SUCH SCHON SO LANGE EINE WOHNUNG!

Ein Vater besucht die Hochschule, wo der Sohn studiert. Der Rektor bittet ihn beiseite und sagt: »Ich habe eine gute und eine schlechte Nachricht. Welche wollen Sie zuerst hören?« Der Vater: »Die schlechte.« Der Rektor: »Ihr Sohn ist schwul.« Der Vater: »Um Gottes willen, und was ist die gute?« Der Rektor: »Er ist gestern Nacht zur Maikönigin gewählt worden.«

Ein Handwerker stirbt mit 50, kommt in den Himmel und beschwert sich bei Petrus, dass er so früh hat sterben müssen. Petrus sieht in den Akten nach und sagt: »Mein lieber Herr, aus Ihren Rechnungen ergeben sich so viele Arbeitsstunden, dass Sie mindestens 80 Jahre alt sein müssen.«

Ein Bauarbeiter verunglückt tödlich. Ein Kollege soll die Unglücksbotschaft der Witwe überbringen. Er ruft im Hauseingang: »Wohnt hier die Witwe Maier?« Frau Maier antwortet: »Maier heiße ich schon, aber ich bin keine Witwe!« Der gemütvolle Kollege: »Wollen wir wetten?«

Ein Taxifahrer, der eine Ordensschwester fährt, behindert einen Kollegen. Dieser dreht die Scheibe herunter und brüllt: »Pass doch auf mit deiner Schlampe!« Der andere dreht ebenfalls die Scheibe herunter und ruft: »Meine Schlampe scheißt auf dich!« Dann wendet er sich an die Ordensschwester und sagt: »Gell, Schwester, dem haben wir es aber gegeben!«

Auf dem Volksfest. Bierzelt. Ein Herr bestellt ein Brötchen. Nach geraumer Zeit bringt die Kellnerin dieses. Der Herr sagt: »Pfui Teufel, das ist ja ganz feucht!« Die Kellnerin: »So geht's wirklich nicht! In jeder Hand fünf Bierkrüge, unter dem Arm zwei Brötchen und nicht einmal schwitzen dürfen!«

Ein sehr altes Paar erscheint beim Rechtsanwalt und erklärt: »Wir wollen uns scheiden lassen.« Der Anwalt meint: »In Ihrem Alter? Finden Sie nicht, dass das ungewöhnlich ist?« Das Ehepaar: »Wir haben uns nie leiden können, wir wollten nur warten, bis die Kinder tot sind.«

In Sizilien liegen zwei Mafia-Killer im Straßengraben, um einen Richter zu ermorden, der täglich kurz vor neun dort vorbei in das Gericht fährt. Aber es wird neun, halb zehn, zehn, noch immer kein Richter: »Das verstehe ich nicht«, sagt da einer von ihnen, »hoffentlich ist ihm nichts passiert.«

Der Angestellte kommt mit verbundenem Kopf eine Stunde zu spät ins Büro.

»Warum kommen Sie erst jetzt?«, raunzt der Chef.
»Ich bin aus dem Fenster im dritten Stock gefallen.«
»Na und, das hat ja wohl nicht eine Stunde gedauert!«

»Herr Doktor, wenn ich auf den Kopf drücke, tut's weh, wenn ich aufs Bein drücke, tut's weh, wenn ich auf den Bauch drücke, tut's weh, wenn ich auf den Arm drücke, tut's auch weh ...«
»Ja, da haben Sie sich wohl den Finger gebrochen.«

Ein Trabi hat eine Panne auf der Autobahn. Ein Porschefahrer ist so freundlich, ihn abzuschleppen. Sie vereinbaren, dass, wenn der Porsche zu schnell fährt, der Trabifahrer auf Hupe und Lichthupe drückt. Gemächlich zuckeln die beiden über die Autobahn Richtung nächste Tankstelle – bis der Porsche plötzlich von einem Jaguar überholt wird. Schlagartig vergisst der Porschefahrer den Trabi im Schlepptau, dreht auf und rast mit Vollgas hinter dem Jaguar her. Verzweifelt gibt der Trabi-Fahrer Signale.
So rasen sie auch an der Tankstelle vorbei. Dort rennt der Tankwart zum Telefon und ruft seinen Kollegen von der nächsten Tankstelle an: »Du, geh schnell vor die Tür, so etwas hast du noch nicht gesehen. Erst rauscht ein Jaguar an dir vorbei, den versucht ein Porsche zu überholen, und hinter den beiden drängelt ein Trabi, der mit Hupe und Lichthupe versucht, sich freie Bahn zu verschaffen!«

Der Kellner liegt auf dem Operationstisch.
Da kommt ein Arzt vorbei, der schon oft im Gasthaus war.
»Herr Doktor, helfen Sie mir«, stöhnt der Kellner.
Der Arzt zuckt die Achseln: »Bedaure sehr, aber das ist nicht mein Tisch. Mein Kollege kommt gleich!«

In welcher Zeitung steht die Schlagzeile: »Mann wirft Frau aus dem Fenster!«? – In »Täglich Alles«.
Und in welcher steht »Frau wirft Mann aus dem Fenster!«? – In »Schöner Wohnen«.

Das Charterflugzeug stürzt in Afrika ab. Einer der feisten Urlauber plumpst in den Nil und sieht am Ufer Krokodile. »Diese Neger!«, wundert er sich. »Nichts zu fressen, aber Rettungsboote von Lacoste!«

Was machen Kannibalen aus Medizinern?
Hot Docs.

Ein Ausländer spricht auf dem Alexanderplatz zwei Polizisten an. »Do you speak English?« Kopfschütteln. »Parlez-vous français?« Kopfschütteln. »Capisce italiano?« Kopfschütteln. »Habla español?« Kopfschütteln. Der Mann gibt auf und geht.
»Mensch!«, sagt der eine Polizist, »der konnte ja vier Fremdsprachen!«
»Na und?«, sagt der andere. »Hat's ihm was genützt?«

»Unerhört«, sagte die Frau im Kino zu ihrem Begleiter, »da vorn sitzt mein Mann mit einer Blondine im Arm, während ich meine kranke Mutter besuche.«

Auf dem Standesamt taucht ein Alternativer auf: »Ich möchte die Geburt meines Kindes anmelden.«
»Männlich oder weiblich?«
»Das soll es später einmal selbst entscheiden.«

Der Entwicklungshelfer im fernen Afrika erhält von seiner Verlobten ein Telegramm: »Liebling – stopp – konnte nicht länger warten – stopp – habe deinen Vater geheiratet – stopp – herzliche Grüße – stopp – Mutti.«

Zwei Nachbarinnen: »Wir werden bald in einer schöneren Gegend wohnen.« »Und wir in einer ruhigeren.« »Oh, Sie ziehen auch um?« »Nein, wir bleiben!«

»Lass uns eine Firma gründen«, schlägt das Huhn dem Schwein vor.
»Und was verkaufen wir?«
»Rühreier mit Speck. Ich lege jeden Tag drei Eier.«
»Und wo willst du den Speck hernehmen?«

Frühling. Die ersten Regenwürmer kriechen verliebt ans Tageslicht. Sie singen: »Chanson d'amour...«
Kommt ein Rasenmäher: »Ratatatata ...«

Der Missionar sieht sich plötzlich von einem Rudel Löwen umzingelt. An ein Entkommen ist nicht zu denken. Da fällt er auf die Knie, schließt die Augen und betet: »O Herr, verschone mich und gib mir ein Zeichen deiner Gnade! Befiehl diesen Löwen, sich wie echte Christen zu verhalten!«
Als er wieder aufblickt, sitzen die Löwen im Kreis um

ihn herum, haben die Pfoten gefaltet und beten laut: »Komm, Herr Jesus, sei unser Gast und segne, was du uns bescheret hast.«

Der Patient erwacht aus der Narkose und sagt erstaunt: »Herr Doktor, Ihr Bart ist aber gewachsen!«
Sagt der Angeredete: »Erstens heiße ich Petrus und zweitens hatte ich schon immer einen Bart.«

»Und jetzt singe ich ›Am Brunnen vor dem Tore‹«, sagt die Gastgeberin.
»Sehr vernünftig«, meint ein Gast. »Hier drinnen hört sowieso keiner mehr zu.«

Überschrift in der ostfriesischen Zeitung: Vier Menschen im Autokino an Lungenentzündung erkrankt. Sie warteten auf den Film »Im Winter geschlossen«.

Religionslehrer: »Was müssen wir als Erstes tun, damit uns unsere Sünden vergeben werden?«
Schüler: »Sündigen!«

Er: »Fräulein, Sie würden mich glücklich machen, wenn Sie mein Los mit mir teilen würden.«
Sie: »Gerne. Wie viel haben Sie gewonnen?«

WAS HAT HERBERT GESAGT, ALS DU IHM DIE LUFT AUS DEN REIFEN GELASSEN HAST?
OH, NICHTS BESONDERES. UND DIE ZWEI VORDERZÄHNE HÄTT ICH MIR SOWIESO ZIEHEN LASSEN MÜSSEN.

Der Ehemann stürzt ins Schlafzimmer.
»Schnell, Andrea, zieh dich an, das ganze Haus brennt!«
Da ertönt aufgeregt eine tiefe Stimme aus dem Kleiderschrank: »Rettet die Möbel! Rettet die Möbel!«

»Ich fordere 20000 Mark Schmerzensgeld von Ihnen. Schließlich sind Sie über mein Bein gefahren.«
»Halten Sie mich für einen Millionär?«
»Und Sie? Halten Sie mich für einen Tausendfüßler?«

»Herr Doktor, ich denke immer, dass ich ein Hund bin.«
»So, dann legen Sie sich mal auf die Couch.«
»Ich darf nicht auf die Couch.«

»Wer ist eigentlich dieser hässliche Mensch auf einigen deiner Urlaubsbilder?«, fragt Peter seinen Freund.
»Das ist mein Bruder!«
»Oh, tut mir Leid, das hätte ich ja sehen können.«

»Hat Oma schon die neue Kühltruhe ausprobiert?«
»Ja.«
»Und was hat sie gesagt?«
»Nichts, sie sitzt noch drin.«

Der Vater fragt seine Tochter, die gerade den Führerschein gemacht hat und zum ersten Mal mit dem Auto des Vaters unterwegs war: »Sabine, hast du den Wagen in die Garage gefahren?«
»Ganz nicht, aber die wichtigsten Teile.«

»Du Ferkel!«, schimpft der Vater, als sein Sohn mal wieder dreckig vom Spielen kommt. Doch als dieser ganz zerknirscht ist, lenkt er ein: »Weißt du überhaupt, was ein Ferkel ist?«
»Ja, das Kind vom Schwein.«

An ihrem 16. Geburtstag bietet der Vater seiner Tochter eine Zigarette an: »Nimm nur, ab heute darfst du ja rauchen.«
»Vielen Dank«, schüttelt die Tochter den Kopf, »das Rauchen habe ich mir schon vor einem Jahr abgewöhnt.«

»Man darf Tiere niemals küssen«, sagt der Lehrer mit warnender Stimme, »weil das sehr gefährlich ist wegen der Krankheiten, die dabei übertragen werden können. Kann mir jemand von euch ein Beispiel nennen?«
»Ja, ich. Meine Tante hat immer ihren Papagei geküsst.«
»Und?«
»Das Tier ist eingegangen.«

Eine Fußballmannschaft fliegt in die USA. Auf dem weiten Weg wird es den Spielern zu langweilig: Einer holt seinen Ball heraus und schon beginnt die wilde Jagd nach dem runden Leder.
Das Flugzeug schwankt, geht hoch und runter und der Pilot hat seine liebe Mühe, es zu halten. Schließlich wird

es ihm zu bunt und er schickt seinen Kopiloten nach hinten, um für Ruhe zu sorgen.
Es dauert auch nicht lange, da kehrt Ruhe ein.
»Na, wie hast du denn das geschafft?«, fragt er seinen »Ko«, als dieser zurückkommt.
»Ganz einfach, ich hab die Tür aufgemacht und hab gesagt: ›Spielt draußen weiter!‹«

Ein Radfahrer fährt einen alten Herrn um. Er hilft ihm wieder auf die Beine und meint: »Sie haben aber Glück, Opa, dass ich heute meinen freien Tag habe.«
»Warum denn?«
»Weil ich sonst einen Omnibus fahre.«

Im Wanderzirkus tritt auch ein Messerwerfer auf. Das hübsche Mädchen stellt sich an die Bretterwand und der Artist schleudert das erste Messer dicht über ihren Kopf, das zweite links neben ihren Hals, das dritte rechts neben ihren Hals. Da erklingt eine enttäuschte Stimme aus dem Publikum: »Schon wieder daneben!«

»Sag mal, Jochen, spielst du mit Dirk gar nicht mehr Karten?«
»Würdest du mit jemandem spielen, der dauernd schwindelt?«
»Natürlich nicht.«
»Siehst du, Dirk auch nicht.«

Ein Ostfriese will eine Hühnerfarm aufbauen. Zuerst kauft er 100 Küken, aber nach kurzer Zeit kommt er wieder und ersteht die nächsten 100. Eine Woche später ist er schon wieder da und kauft 200 Küken.
Dem Kükenhändler wird das unheimlich und er fragt: »Ihre Kükenfarm läuft wohl noch nicht so richtig?«
Meint der Ostfriese: »Ich weiß auch nicht so recht, woran es liegt. Entweder pflanze ich zu tief oder zu dicht nebeneinander.«

»Dieses Pilzgericht schmeckt einfach köstlich«, lobt der Mann seine Ehefrau, »wo hast du denn das Rezept her?«
»Aus einem Krimi.«

Lokführer zum Heizer: »Das ist heute vielleicht ein Tag: Erst habe ich mich beim Rasieren geschnitten, dann den Kaffee umgeschüttet und nun kommt uns auch noch der Schnellzug entgegen!«

Das Skelett sitzt auf seinem Grabstein und raucht. Sein Freund kommt vorbei und sagt: »Na, du rauchst ja wieder!«
»Ja, aber nicht mehr auf Lunge!«

»Das glaube ich Ihnen nicht«, schreit der Richter, »Sie können mir nicht weismachen, dass Sie glaubten, die Brieftasche, die Sie gefunden haben, gehöre Ihnen!«
»Die Brieftasche nicht«, meint der Angeklagte, »aber das Geld kam mir so bekannt vor.«

Der Bauer erwischt zwei Knaben in seinem Kirschbaum.
»Heda«, schreit er, »ihr klaut wohl meine Kirschen?«
»Nee«, ertönt es von oben, »wir hängen sie auf.«

»Endlich! Es geht mit mir aufwärts«, dachte der Pferdedieb erleichtert, als er am Galgen hochgezogen wurde.

Aus einem Polizeiprotokoll: Die zwei Bauarbeiter arbeiteten an der Hauswand im fünften Stock. Als das Gerüst zusammenfiel, stürzte der eine ab und war auf der Stelle tot. Der andere hatte unwahrscheinliches Glück. Er blieb mit dem linken Auge an einem langen Nagel hängen.

»Wenn ich mal nicht mehr bin, möchte ich verbrannt werden«, sagt der Mann zu seiner Frau.
»Typisch«, meint sie. »Weggehen und Asche rumliegen lassen!«

Ein Forscher ist im Dschungel von Wilden entführt und an einen Baum gefesselt worden. Endlich spricht ihn einer an und fragt ihn nach seinem Namen.
»Doktor Horn«, antwortet er und hat plötzlich Hoffnung. »Wenn Sie meine Sprache sprechen, junger Mann, dann können Sie doch gewiss etwas für mich tun?«
»Ja«, lächelt der Wilde. »Ich werde Ihren Namen auf die Speisekarte setzen.«

Ein Expeditionsteilnehmer stürmt schwer bewaffnet in die Hütte des Kannibalenhäuptlings: »Du rückst mir

jetzt sofort meine Frau heraus, die deine Krieger gestern entführt haben.«
Der Häuptling gibt sich geschlagen. »Okay – aber das macht 10 DM pro Dose.«

Schaudernd steht die Reisegesellschaft am Kraterrand eines noch aktiven Vulkans.
Entsetzt sich Mrs. Jones aus USA: »Hu, das sieht ja aus wie in der Hölle!«
Sagt Frau Huber aus Oberbayern leise zu ihrem Mann: »Wo diese Amis nicht schon überall gewesen sind!«

Ein Polizist hält ein Auto an und sagt freundlich zum Fahrer: »Herzlichen Glückwunsch! Als 100000. Autofahrer, der diese Brücke passiert hat, bekommen Sie 10000 DM! Was möchten Sie mit dem Geld anfangen?«
»Ich glaube, ich mach zuerst mal den Führerschein!«
Darauf seine Frau ganz entsetzt: »Hören Sie nicht auf ihn, er ist ja sturzbetrunken!«
Dann der schwerhörige Opa vom Rücksitz: »Ich wusste, dass wir mit dem gestohlenen Auto nicht weit kommen!«
Schließlich eine Stimme aus dem Kofferraum: »Kinder, sind wir schon hinter der Grenze?«

In der Straßenbahn sitzt ein Mann mit einem gewaltigen Kropf. Ein kleiner Junge starrt fasziniert auf dieses Wunder der Natur.

Nach einer Weile wird es dem Kropfbesitzer zu dumm: »Wenn du nicht aufhörst, mich anzustarren, fresse ich dich auf!«
Der Junge schüttelt den Kopf: »Kannst du ja gar nicht! Du hast den anderen ja noch gar nicht runtergeschluckt!«

Eine ältere Dame macht ihre erste Seereise. Der Steward erkundigt sich, ob sie zufrieden sei.
»Es ist alles wunderbar«, erklärt die ältere Dame begeistert und zeigt dabei auf das Bullauge, »vor allem der Wandschrank ist fantastisch – was da alles reingeht!«

Zwei schleppen sich durch die glühende Wüste. Sagt der eine am Ende seiner Kräfte: »Ich kann nicht mehr! Mir ist zum Sterben elend!«
Sagt der andere ermutigend: »Nun hör doch auf zu meckern! Wenigstens regnet's nicht!«

Die Kuh vom Almbauern ist krank. Er wandert ein paar Stunden zu seinem Nachbarn auf der nächsten Alm und fragt: »Was hast denn du damals deiner Kuh gegeben, als sie krank war?«
»Mineralwasser!« Drei Tage später ist der Almbauer wieder bei seinem Nachbarn vor der Tür.
»Du, meine Kuh ist gestorben!«
»Ja mei, meine damals auch!«

Ein Kuhfladen hat eine Ameise unter sich begraben. Nach einer Stunde hat sie sich endlich hervorgearbeitet. Sie reibt sich ab und sagt: »So eine Gemeinheit! Genau ins Auge!«

»Warum musstest du denn heute schon wieder nachsitzen?«
»Ich habe mich geweigert, jemanden zu verpetzen!«
»Sehr anständig vor dir! Und wen wolltest du um keinen Preis verraten?«
»Den Mörder von Julius Cäsar!«

Ein alter Herr unterhält sich auf der Parkbank mit einer älteren Dame über seine verschiedenen Zipperlein.
Klagt der alte Herr: »Mit meinen Zähnen habe ich den meisten Ärger! Manchmal tun sie mir so weh, dass ich nachts kein Auge zubekomme!«
»Das Problem kenne ich nicht! Wir schlafen getrennt!«

Ein Dicker trifft einen Dünnen und spottet: »Wenn man dich so ansieht, könnte man glauben, eine Hungersnot sei ausgebrochen!«
Sagt der Dünne: »Und wenn man dich anguckt, könnte man glauben, du seist schuld daran!«

Unweit von Loch Ness klingelt ein Bettler an einer Haustür und jammert: »Ich habe seit Tagen nichts gegessen!«
Meint die Hausfrau: »Das ist aber gar nicht gut! Sie müssen sich einfach dazu zwingen!«

Kommt ein Glatzkopf mit nur noch wenigen Haarbüscheln im Nacken zum Friseur: »Könnten Sie wohl meine Haare locken?«
Friseur: »Selbstverständlich, mein Herr, locken kann ich sie schon, aber ob sie auch herauskommen?«

Ein Sänger singt bei einem Agenten eine Arie vor. Der Agent nickt ergriffen, als der Künstler ausgeschmettert hat, und sagt: »Hut ab! Sie wären für Caruso ein guter Ersatz gewesen!«
»Nicht wahr?«
»Ja. Sie hätten für ihn sterben sollen!«

Fragt der neu ausgebildete Fallschirmspringer: »Und was mache ich, wenn der Schirm nicht aufgeht?«
Ausbilder: »Dann halten Sie die linke Hand hoch, damit Ihre Armbanduhr nicht kaputtgeht!«

Die Dame des Hauses macht in großer Gesellschaft Andeutungen über ihr Alter.
»Mama«, flüstert ihr die Tochter zu, »lass doch wenigstens noch neun Monate zwischen uns!«

Zwei Jungen stehen vor dem Standesamt und betrachten interessiert das Brautpaar.
»Hör mal«, fragt der eine, »wollen wir die mal erschrecken?«
»Au ja«, meint der andere, saust auf das Brautpaar los und schreit: »Hallo, Papi!«

Hugo geht lässig mit einer Zigarette im Mund über die Straße. Da kommt die Nachbarin und fragt:

»Wissen deine Eltern denn, dass du schon rauchst?«
»Weiß Ihr Mann denn, dass Sie auf der Straße fremde Männer anquatschen?«

Die kleine Irma möchte ihrem Vater zum Geburtstag ein T-Shirt schenken.
Der Verkäufer fragt sie:
»So eins, wie ich es trage?«
»Nein, ein sauberes.«

Fragt eine Freundin die andere:
»Wie viele Haustiere hast du?«
»Vier. Einen Nerz im Schrank. Einen Hengst im Bett. Einen Jaguar vor der Türe. Und einen blöden Hund, der alles zahlt.«

Vater steht im Bad unter der Dusche. Kläuschen und Sabine klopfen an die Tür und fragen:
»Papi, dürfen wir Schweinchen Dick sehen?«
Der Vater schließt auf und meint:
»Na, meinetwegen kommt rein – aber Ausdrücke habt ihr.«

»Wenn ihr mein Taschengeld nicht erhöht«, droht Fritzchen, »dann erzähle ich allen, wie alt Mami wirklich ist und wie wenig Papi in Wirklichkeit verdient.«

WIESO BIST DU DENN SO NASS? ES HAT DOCH GAR NICHT GEREGNET!
WIR HABEN HUND GESPIELT!
ABER DAVON KANN MAN DOCH NICHT SO NASS WERDEN!
!
DOCH! ICH WAR IMMER DER LATERNENPFAHL!

Rita und Gabi waren im Kino.
»Habt ihr euch gut unterhalten?«, fragt die Mutter.
»Zuerst schon, aber dann haben die Nachbarn angefangen zu schimpfen.«

Ein Dreikäsehoch reckt sich im Kaufhaus bis zur Höhe der Theke des Informationsschalters und sagt:
»Wenn eine blonde, hysterische Frau kommt und jammert, dass sie ihr Kind verloren hat, dann sagen Sie ihr bitte, dass ich in der Elektronikabteilung bei den Videospielen bin.«

Rita ist zum Geburtstag einer Schulfreundin eingeladen und hat ihre kleine Schwester mitgebracht, weil die Mutter berufstätig ist. Die Mutter hat der Kleinen eingeschärft, auf keinen Fall zu ›betteln‹. Beim Spielen zwischen Kaffee und Abendbrot seufzt sie plötzlich:
»Wenn ich jetzt zu Hause wäre, hätte ich Durst.«

Weshalb tragen Chirurgen einen Mundschutz beim Operieren?
Damit sie das Messer nicht ablecken!

»Na, Mäxchen, hast du denn heute schon eine gute Tat vollbracht?«
»Selbstverständlich, Tante Rosi, ich habe meinen Hund

auf zwei alte Damen gehetzt, damit sie ihre Straßenbahn doch noch erwischen konnten.«

»Hör mal, Fritzchen, du siehst doch nicht etwa durch das Schlüsselloch, wenn ich mit deiner Schwester auf dem Sofa sitze?«
»Aber nein, Mama erlaubt nicht, dass ich sie zur Seite schiebe.«

Fragt eine alte, sehr reiche Dame den Schönheitschirurgen: »Könnten Sie bei mir auch einige Eingriffe vornehmen?« Der Arzt betrachtet sie einige Zeit und meint dann: »Leider nein, Enthauptungen sind in unserem Lande verboten.«

Der Arzt sagt zur Ehefrau: »Ihr Mann gefällt mir gar nicht.« Die Ehefrau: »Mir gefällt er auch nicht, aber die Kinder hängen so an ihm.«

Sabine:
»Tante, hat dich der liebe Gott gemacht?«
»Natürlich, mein Kind.«
»Mich auch?«
»Ja, dich auch.«
Darauf Sabine:
»Findest du nicht auch, Tante, dass der liebe Gott in letzter Zeit viel besser arbeitet?«

Der Vater ruft seine vierzehnjährige Tochter zu sich und präsentiert ihr die neueste Telefonrechnung von über 200 DM:
»Und nun sag bloß noch einmal, dass du Kontaktschwierigkeiten hast!«

Die Linienmaschine ist unterwegs von Zürich nach Los Angeles. Da stürmt ein maskierter Typ ins Cockpit, zieht eine Pistole und schreit:
»Ändern Sie sofort den Kurs, unser Ziel ist jetzt Kuwait!«
Der Pilot grinst:
»Da sind Sie aber zu spät dran. Vor zehn Minuten war ein Fräulein mit einer Bombe da und hat Havanna bestellt.«

»Herr Doktor, welche Pilze kann man essen?«
»Eigentlich alle, aber manche nur ein einziges Mal.«

In der Klinik stößt ein junger Assistenzarzt mit dem Chefarzt zusammen:
»Oh mein Gott, verzeihen Sie!«
»Schon gut, Professor genügt mir.«

»Komme ich zu spät?«, ruft Tante Hermine und stürzt mit dem Abfalleimer in der Hand und Lockenwicklern im Haar zum Müllwagen.
»Nein, springen Sie noch schnell rein.«

Tante Berta kommt mal wieder zu Besuch.
»Erkennst du mich wieder?«, fragt sie Fritzchen.

»Aber natürlich, du bist doch die, die mir das letzte Mal nichts mitgebracht hat.«

»Mama, warum heißen meine Zähne eigentlich Milchzähne?«
»Weil du so viel Milch trinkst.«
»Aha. Dann heißen Papas Zähne wohl Bierzähne und Opas Schnapszähne?«

Karl schaut den Opa sehr lange an und sagt dann zu ihm:
»Opa, könntest du nicht mal bitte die Augen zumachen?«
»Gern, aber warum denn?«
»Papa sagt, wenn du mal die Augen zumachst, bekommen wir einen Haufen Geld.«

Patient: »Sagen Sie mir die Wahrheit, Herr Doktor. Ist meine Krankheit sehr schlimm?«
»Kein Grund zur Beunruhigung. Aber darf ich Sie bitten, die weitere Behandlung im Voraus zu bezahlen?«

Frau Meier schimpft mit ihrer Tochter:
»Das ist nun die Jugend von heute! Mit 16 schon jeden Abend in die Disco – aber Mutters 30. Geburtstag vergessen!«

»Mama, wer ist eigentlich der Mann, der jeden Morgen zu uns in die Küche kommt, zwei Tassen Kaffee trinkt, etwas vor sich hinbrummt und dann wieder geht?«
»Aber Kind, das ist doch Papi!«

»Die Mohammedaner dürfen keinen Alkohol trinken«, erklärt der Lehrer seinen Schülern. »Welches Genussmittel ist ihnen aber erlaubt?«
»Die Vielweiberei«, ruft Axel.

»Vati, du hast dieses Jahr richtig Glück gehabt.«
»Wieso?«
»Du brauchst dieses Jahr keine neuen Schulbücher für mich zu kaufen.«

Ein Mann klagt über furchtbare Schmerzen beim Pinkeln. Nach der Untersuchung teilt der Arzt seinem Patienten etwas ratlos die Diagnose mit: »Tja, was soll ich Ihnen sagen, Ihr rechter Hoden ist aus Holz und der linke aus Eisen!« Noch bevor der Mann antworten kann, fährt der Arzt fort: »Das ist eine medizinische Sensation. Aber wie schrecklich, dass Sie nun niemals Kinder zeugen können.« »Niemals Kinder?«, entgegnet der Mann erstaunt. »Pinocchio ist sechs und Terminator wird nächste Woche zehn.«

Eine Frau, die ihrem Mann bereits zehn Kinder geboren hat, kommt mit der Nachricht vom Arzt zurück, dass sie ein elftes Kind erwarte. Darauf greift ihr Mann zur Pistole und setzt sie sich an die Stirn. Die Frau: »Tu es nicht, Liebling, du tötest einen Unschuldigen!«

Betriebsunfall auf einer ostfriesischen Baustelle: Einem Maurer wird ein Ohr abgerissen. Seine Kollegen machen sich sofort auf die Suche und der Polier wird fündig. »Ist es dieses?«, fragt er den Verletzten. »Nein«, schüttelt der schmerzverzerrt den Kopf, »hinter meinem Ohr steckte ein Bleistift.«

Axel sitzt im Biologieunterricht, schüttelt den Kopf und murmelt:
»Nee, nie hätte ich gedacht, dass Mädchen so wichtig sind.«

Ein Kannibale fliegt mit der Lufthansamaschine erster Klasse von Afrika nach Deutschland. Hoch über den Wolken lässt er sich von der Stewardess erklären, was es an Bord zu essen gibt. Nachdem die Stewardess alles aufgezählt hat, meint er: »Fräulein, bringen Sie mir doch lieber die Passagierliste!«

In der Rechenstunde fragt der Lehrer den Emil:
»Wenn deine Mutter beim Bäcker 30,50 DM, beim Lebensmittelhändler 126,70 DM und beim Fleischer 212,35 DM Schulden hat – wie viel hat sie dann zusammen zu zahlen?«
»Nichts – dann ziehen wir um.«

Über eine Stunde stehen Dieter und Klaus und schauen dem Dachdecker bei der Arbeit zu. Schließlich sagt Dieter verärgert: »Komm, Klaus, gehen wir – der fällt ja doch nicht runter.«

Zum fünfzigjährigen Jubiläum will der Gefängnisdirektor ein Fest veranstalten. Als er die Häftlinge nach ihren Ideen fragt, meint einer:
»Tag der offenen Tür.«

Meint der neue Bademeister:
»Freundliche Leute hier im Schwimmbad. Schon drei Badegäste haben mir heute aus dem Wasser wie verrückt zugewinkt.«

Der Gast ruft den Kellner zu sich:
»Sagen Sie mal, in meiner Frikadelle ist ein Stück Blech!«
»Da können Sie wieder mal sehen: Überall wird das Pferd vom Auto verdrängt.«

Beim Gebrauchtwagenhändler:
»Wie viel bekomme ich noch für dieses Auto?«
»Ist es aufgetankt?«

»Habe ich Sie schon einmal rasiert?«, fragt der Friseur seinen Kunden, um ein Gespräch mit ihm in Gang zu bringen.
»Nein, das Ohr habe ich bei einem Autounfall verloren.«

ENTSCHULDIGEN SIE, HABEN SIE VIELLEICHT IN DER NÄHE EINEN POLIZISTEN GESEHEN?
NEIN.
DANN HER MIT DER BRIEFTASCHE !!

Beim Frühstück im Hotel lobt der Gast:
»Das ist aber ein hübsches Muster auf der Butter.«
»Gell«, meint der Kellner, »das habe ich auch mit meinem Kamm gezaubert.«

Ein Western wird gedreht. Sagt der Regisseur zum Hauptdarsteller:
»Zum Schluss springst du von der Brücke direkt in den Fluss.«
»Aber ich kann doch gar nicht schwimmen!«, protestiert der Schauspieler.
»Da mach dir mal keine Gedanken. Das ist sowieso die letzte Einstellung in diesem Film«, beruhigt ihn der Regisseur.

Die Kängurumutter kratzt sich nach Leibeskräften. Dann meckert sie ihr Baby an:
»Wie oft habe ich dir schon gesagt, dass du den Zwieback nicht im Bett essen sollst!«

»Sie sind doch beim Theater. Da können Sie mir doch sicherlich ein paar Freikarten besorgen?«
»Ganz gewiss. Aber Sie sind doch bei der Bank. Könnten Sie mir nicht ein paar gebrauchte Geldscheine besorgen?«

»Frau Meier«, sagt die Nachbarin aufgebracht, »Ihre Katze hat heute morgen unseren Wellensittich gefressen!«
»Oh, gut, dass Sie mir das sagen, dann bekommt sie heute nichts mehr.«

Zwei Frösche sitzen auf einer Wiese. Der eine ist todtraurig.
»Was hast du denn?«, fragt der andere.
»Ach, zu meiner Frau ist heute der Storch gekommen.«

Der Affenvater sieht voller Entsetzen auf sein neugeborenes Junges. Beruhigt ihn die Affenmutter:
»Zuerst sehen sie immer aus wie Menschen, aber das vergeht wieder.«

Im Bus sagt eine Dame ärgerlich zu Volker:
»Nimm deinen Hund hier weg, ich spüre schon einen Floh an meiner Wade!«
Meint Volker zu seinem Hund:
»Waldi, komm auf die Seite, die Dame hat Flöhe.«

Der Känguruvater fragt seine Frau:
»Liebling, wo sind denn die Kinder?«
Die Kängurumutter beugt sich vor, sieht sich um, wird bleich und ruft:
»Um Gottes Willen, ich habe ein Loch im Beutel!«

»Ätsch«, prahlt das Huhn, »ich lege Eier der Güteklasse A und du nur Eier der Güteklasse B.«
Meint das andere Huhn:
»Ich bin doch nicht blöd und reiß mir wegen der zwei Pfennig den Hintern auf.«

Der Ostfriese schaut in die Mülltonne. Darin befindet sich ein Spiegel.
Er schreit:
»Da ist einer in der Mülltonne«, und ruft die Polizei.
Die kommt, macht den Deckel auf und sagt:
»Tatsächlich, sogar einer von uns!«

Ein Schotte besucht einen Freund, der dabei ist, die Tapeten von den Wänden zu lösen.
»Was hast du vor, Bob, willst du neu tapezieren?«
»Nein, nein, wir ziehen um.«

Wie sortieren Männer ihre Wäsche?
1. Dreckig. 2. Dreckig, aber tragbar.

»Wer ist denn das?«, will eine Touristin vom Kapitän wissen und zeigt auf einen zerlumpten Mann, der auf einer Insel herumhüpft und wild mit den Armen rudert.
»Weiß ich auch nicht. Aber er freut sich immer so, wenn wir vorbeifahren.«

»Meine Frau hat heute Morgen getobt wie eine Wilde.«
»Warum denn?«
»Ich habe ein Katerfrühstück zu mir genommen.«
»Und?«
»Sie hing so an dem Tier.«

In Barcelona brennt ein Hotel. Im obersten Stockwerk ruft ein Gast um Hilfe. Auf der Straße spannen zwei Feuerwehrmänner ein Sprungtuch auf und rufen:
»Springen Sie!«

Der Fremde nimmt sich ein Herz und springt.
Da ziehen die beiden Spanier das Sprungtuch weg und rufen:
»Olé!«

Mama hat Tante zu ihrem Geburtstag eine Klosettbürste geschenkt. Nach einiger Zeit fragt Erna: »Tante, haste dich eigentlich über die Bürste gefreut?« – »Ja, ist ja ganz schön, aber weißt du, Erna, Papier bleibt doch Papier!«

Anneliese hatte Fahrprüfung und kommt danach ziemlich ramponiert nach Hause. Der Vater schaut sie fragend an.
»Pech, Papa, ich habe einen Lastwagen gerammt!«
»Dann bist du also durchgefallen?«
»Ich weiß noch nicht, der Prüfer ist nämlich tot ...!«

Was singt der Kannibale, wenn er mit einer Urne durch den Urwald geht?
»Die Fünf-Minuten-Terrine ...«

Der Porschefahrer sieht im Rückspiegel einen Mopedfahrer, der gerade überholen will. Das darf natürlich nicht sein und so gibt er Gas. Er beschleunigt auf 140, dann auf 150, aber das Moped bleibt ihm auf den Fersen.
Bei 180 kurbelt er das Fenster herunter und brüllt zum Mopedfahrer:
»Wohl 'nen Tiger im Tank?«
»Nee«, brüllt der zurück, »Jacke in Ihrer Tür!«

Nach dem 0:7 tippt der Trainer dem hoch bezahlten Stürmer auf die Schulter und meint:
»Wann kriege ich denn mal wieder etwas Ordentliches von Ihnen zu sehen?«
»Heute Abend im Werbefernsehen, da stelle ich eine neue Ochsenschwanzsuppe vor.«

Was sagt Petrus zum Arzt?
Lieferanten zum Hintereingang!

Wie kann man feststellen, dass Kartoffelchips wirklich frisch sind?
Man muss sie im Kino noch mindestens sechs Reihen weiter hören können.

Kalubke fällt im afrikanischen Busch Kannibalen in die Hände.
»Was sind Sie von Beruf«, fragt der Oberkannibale.
»Schwerathlet.«
»Prima, aus Ihnen machen wir Kraftbrühe.«

Ein angeheiterter Autofahrer erscheint auf der Wache:
»Herr Wachtmeister, gibt es Pinguine, die zwei Meter groß sind?«
»Nein.«
»Oh, dann habe ich eine Nonne angefahren.«

»Ich habe gehört, dass Sie kürzlich Ihre Frau begraben haben?«
»Ja, es musste sein, sie war schon mehrere Tage tot.«

»Herr Doktor, ich habe solche Angst – dies ist meine erste Operation!« – »Kann ich Ihnen nachfühlen«, meinte der junge Chirurg, »meine auch!«

Vor einer Schule ist für die Autofahrer ein Warnungszeichen angebracht mit einem Schild: »Überfahren Sie die Schulkinder nicht!« Ein Junge hat darunter geschrieben: »Warten Sie lieber auf den Lehrer!«

Fragt die passionierte Amateursängerin ihren Mann: »Warum gehst du eigentlich immer auf den Balkon, wenn ich übe?«
»Damit die Nachbarn nicht annehmen können, dass ich dich verprügle ...«

Kommt der Arzt zum Patienten:
»Ich habe eine gute und eine schlechte Nachricht für Sie, welche wollen Sie zuerst hören?«
»Die gute!«
»Also, Sie haben noch zwei Tage zu leben.«
»Und die schlechte?«
»Ich versuche Sie schon seit vorgestern zu erreichen!«

VERDAMMTE SCH... DANEBEN!
ABER HERR PFARRER! WER WIRD DENN FLUCHEN!
VERDAMMTE SCH... SCHON WIEDER DANEBEN!
WENN SIE NOCHMAL FLUCHEN, WIRD SIE DER BLITZ TREFFEN!
VERDAMMT!
Verdammte Sch... daneben!

Zwei Glühwürmchen treffen sich im Park. »Du, ich muss meine Augen untersuchen lassen.«
»Wieso, siehst du schlecht?«
»Und ob. Vorhin habe ich mir fürchterlich den Mund verbrannt.«
»Na und? Was hat das mit den Augen zu tun?«
»Ich versuchte, einen Zigarettenstummel zu küssen.«

Zwei alte Fräulein betrachten eine Hühnerschar auf einem Rasen. Plötzlich verfolgt ein Hahn ein flüchtendes Huhn, das ängstlich gackernd auf die Straße rennt, wo es sofort von einem Auto erfasst und getötet wird. Sagt die eine zur anderen: »Siehst du, es ist lieber in den Tod gegangen!«

In der Studentenkneipe herrschen keine schönen Sitten. So ist es gang und gäbe, immer demjenigen das Bier auszutrinken, der gerade mal hinausmuss. Das passt dem cand. phil. Sebastian gar nicht. Deshalb reißt er einen Zettel vom Notizblock und schreibt darauf: Habe in das Bier gespuckt. Den Zettel legt er aufs Glas und trollt sich seelenruhig.
Als er wieder hereinkommt, liegt da immer noch der Zettel auf seinem Glas. Einer hat daruntergekritzelt: Wir auch!

Ein kleiner Junge steht auf und sagt zur Lehrerin: »Ich muss mal!«
»Hör mal, Peterle, in einem derartigen Fall sollst du den Finger hochheben!«
»Soo?«, fragt der Kleine erstaunt, »damit geht es auch?«

Hotelbesitzer in den Tropen zum Gast: »Wünsche gute Nachtruhe, Herr Trautmann. Und beunruhigen Sie sich nur nicht, wenn Ihnen im Bett ein paar Beutelratten übers Gesicht laufen. Da stürzen nämlich sofort unsere Klapperschlangen nach und beißen die Ratten tot!«

Angestellter zum Chef: »Ich würde gern heute Mittag zu einer Beerdigung gehen.« – Chef: »Zu welcher?« – Angestellter: »Zu Ihrer!«

Ein Mann kommt nach Hause, seine Frau liegt in den letzten Zügen. »Ich muss dir gestehen«, stöhnt sie, »vor drei Tagen habe ich dich betrogen.« – »Das weiß ich«, sagt er, »deswegen habe ich dich doch vergiftet.«

Zwei Freunde treffen sich nach langer Zeit und sprechen über gemeinsame Bekannte. »Wie geht es eigentlich dem Meier?« – »Er ist zum dritten Mal Witwer geworden.« – »Ach, woran starb denn die erste Frau?« – »Pilzvergiftung.« – »Mein Gott, und die zweite?« – »Pilzvergiftung!« – »Mein Gott. Und die dritte? Du wirst doch wohl nicht sagen, dass die auch ...« – »Nein. Die hatte einen Schädelbruch!« – »Unfall?« – »Nein. Sie wollte keine Pilze essen!«

Der Cowboy begegnet einem anderen, der in schwarzer Trauerkleidung auf seinem Pferd daherkommt. »Nanu«, sagt er, »ist bei euch denn jemand gestorben?« – »Na ja«, meint der Trauernde, »wir beerdigen den Großvater.« – »Ja wieso denn, der war doch noch so rüstig, ihr habt doch neulich erst ganz groß seinen Achtzigsten gefeiert.« – »Na ja«, der andere kratzt sich am Ohr, »er war ja wirklich noch rüstig – aber dann stand er immer so rum und guckte so dämlich – da ham wir'n abgeknallt.«

»Hör endlich mit deinen theatralischen Selbstmordversuchen auf«, sagt er zu ihr, »guck dir bloß mal die hohe Gasrechnung an!«

»Es war der schrecklichste Moment meines Lebens, Otto, als ich deinen Abschiedsbrief bekam. Ich wollte mich erschießen, aber ich hatte kein Geld, mir einen Revolver zu kaufen.« – »Liebste, hättest du mir nur ein Wort gesagt!«

»Mutti, darf ich mit Großvater spielen?« – »Nein, der Sarg bleibt zu!«

Sagt die Mutter zur Tochter:
»Würdest du bitte aufhören, dauernd ›prima‹ zu brüllen, während ich dich aufkläre?!«

»Mami, ich mag nicht mehr im Kreis herumlaufen!« – »Wenn du jetzt nicht still bist, nagle ich dir den anderen Fuß auch noch fest.«

»Warum steht Oma seit einem Jahr am Fenster und bewegt sich nicht?« »Pst, das ist wegen der Rente.«

In England soll ein Mörder hingerichtet werden. Er darf seinen letzten Wunsch äußern. Meint der Mörder, dass er vom besten Scharfrichter und dem besten Schwert ins Jenseits befördert werden wolle. Dies wird ihm bewilligt. Mehrere gute Scharfrichter reisen an und führen dem Delinquenten ihr Können vor. Dessen Wahl fällt auf den Scharfrichter, der eine Feder in die Luft wirft und mit einem Hieb zerteilt.
Der Hinrichtungstag ist gekommen. Der Scharfrichter lässt sein Schwert in Richtung des aufrecht stehenden Mörders sausen. – Danach aber steht der Gerichtete weiterhin und sagt zum Scharfrichter: »Das war doch keine Leistung, Sie haben mich ja gar nicht getroffen!« Antwortet dieser: »Wieso? – Nicken Sie doch mal mit dem Kopf!«

Der Verurteilte sitzt angeschnallt auf dem elektrischen Stuhl, als ihn der Gefängnisdirektor fragt: »Haben Sie noch einen letzten Wunsch?« – »Ja, wenn Sie bitte meine Hand halten würden.«

Der Ehemann ruft aufgeregt den Hausarzt an: »Herr Doktor, kommen Sie schnell, meine Frau hat eine Maus verschluckt.«
»Ich komme!«
»Was soll ich in der Zwischenzeit tun?«
»Ihre Frau soll den Mund öffnen und Sie halten ein Stück Käse davor.« Als der Arzt erscheint, sieht er, wie

der Sohn einen Hering vor den Mund der Mutter hält.
»Ich habe doch gesagt, ihr sollt Käse nehmen.«
»Ja schon, aber wir müssen jetzt die Katze rauslocken.«

Entsetzt bemerken die Fluggäste, dass eine Tragfläche der Boeing 707 Feuer gefangen hat. Da öffnet sich die Tür zum Cockpit. Der Kapitän erscheint mit umgeschnalltem Fallschirm, packt das Megaphon und ruft den geschockten Fluggästen zu: »Meine Damen und Herren, bewahren Sie Ruhe. Ich springe jetzt ab und hole Hilfe.«

Eine Frau läuft keuchend am Flussufer entlang und ruft einem Angler zu:
»Haben Sie vielleicht einen Mann in einem dunkelblauen Anzug vorbeikommen sehen?«
»Ja, vor 5 Minuten.«
»Gut, dann kann er ja noch nicht weit sein.«
»Nein – heute ist ja die Strömung nicht so stark.«

Ein Fallschirmspringer absolviert seinen ersten Absprung. Auf halber Höhe kommt ihm jemand von unten entgegen. Erstaunt ruft er diesem zu: »Wo kommen Sie denn her?« Erwidert der andere: »Ich komme gerade aus der Munitionsfabrik.«

Pilotenausbildung bei der Bundeswehr. Geübt wird das Abspringen mit dem Fallschirm.
Als Nächster ist Meier dran, dem der Ausbilder erklärt: »Springen, dann bis zehn zählen und Reißleine ziehen. Sollte sich wider Erwarten der Fallschirm nicht öffnen, bis drei zählen und die Reißleine des Notfallschirms ziehen. Unten sofort zum Jeep laufen und wieder zum Flugplatz zurückfahren.«
Meier springt. Der Fallschirm öffnet sich nicht. Auch der Notfallschirm versagt. Da flucht Meier: »Verdammt. Jetzt fehlt nur noch, dass der Jeep da unten auch nicht da ist.«

»Stell dir vor, unser Kanarienvogel hat Benzin getrunken. Dreimal kreiste er um die Lampe, dann stürzte er ab.«
»Tot?«
»Nee, kein Benzin mehr!«

Flugzeugabsturz über dem Urwald. Nur zwei Passagiere überleben. Stundenlang irren sie durch den Urwald, bis sie von Männern eines Kannibalenstammes gefunden werden. Sofort bringt man sie zum Häuptling. Schlotternd stehen die beiden Passagiere vor ihm. Freundlich lächelnd meint er:
»Weißer Mann ist gut. Er gibt uns Geld. Wir kaufen uns davon Sachen. Jetzt sind wir ein zivilisiertes Volk. Bei uns wird niemand mehr in den Kochtopf geworfen.«
Als die beiden gerade erleichtert aufatmen, fügt der Häuptling hinzu: »Bei uns wird nur noch gegrillt.«

Am Kongo trifft die Expedition auf einen Weißen, der mit einem langen Pfeil durch die Brust an einen Baum genagelt ist.
»Haben Sie große Schmerzen?« wird er gefragt.
Der Mann verneint: »Nur wenn ich lache!«

Zwei Tauben beobachten eine Düsenmaschine.
Meint die eine zur anderen: »Die fliegt ein bisschen schneller als wir.«
Sagt die andere: »Kein Wunder. Stell dir vor, dein Hintern brennt.«

Flugzeugabsturz über dem Ozean. Unter den Passagieren ist auch ein schottisches Ehepaar. Während die Frau in den Fluten versinkt, kann der Mann – ein guter Schwimmer – nach einigen Stunden gerettet werden.
Nach gut einem Jahr erhält er ein Telegramm: »Leiche Ihrer Frau gefunden. Stopp. Mit Muscheln und Austern bedeckt.«
Darauf telegrafiert er zurück: »Muscheln und Austern an mich schicken. Stopp. Köder wieder auslegen.«

Eine kurvenreiche Blondine, die als Einzige einen Flugzeugabsturz über dem Urwald unversehrt überlebt hat, wird zum Häuptling eines Kannibalenstammes gebracht. Der leckt sich genießerisch die Lippen und meint zu seinen Stammesbrüdern:

»Ich werde mein Frühstück morgen im Bett einnehmen!«

Der Düsenclipper musste im Pazifik notwassern. Schon fünf Tage schwimmen die Passagiere in ihren Schlauchbooten herum. Der Hunger treibt sie schließlich dazu, eine Stewardess zu verspeisen.
Nach weiteren zwei Tagen beraten die Abgestürzten, wen sie wohl jetzt verspeisen sollen. Man entschließt sich für den ältesten Passagier, einen amerikanischen Pensionär. »Das muss nicht sein!«, bettelt dieser. »In meinem Floß ist eine Kiste mit Toastbrot.«
»Das ist ja der Gipfel!«, entrüsten sich die Passagiere. »Und da haben Sie uns die hübsche Stewardess verspeisen lassen?«
»Ja, aber ich muss mich beim Toastbrot immer übergeben!«, rechtfertigt sich der Alte.

»Was habt ihr denn heute in der Schule gemacht?«
»Och, wir haben männliche Prostituierte gemalt.«
»Männliche Pro ... Prostituierte?«
»Ja, Strichmännchen.«

Joggi rettet einen Lebensmüden aus dem Fluss, legt ihn freundlich unter einen Baum und geht nach Hause. Anderntags ruft die Polizei an, gratuliert ihm zur Tat, fügt aber hinzu: »Sollten Sie je wieder einen Lebensmüden

aus dem Wasser ziehen, müssten Sie sich auch hinterher noch um ihn kümmern. Der Mann, dem Sie das Leben gerettet hatten, hat sich hinterher an dem Baum aufgeknüpft.«
Joggi treuherzig: »Das habe ich beim Weggehen noch gesehen. Aber ich dachte, der hängt sich zum Trocknen auf.«

Treffen sich zwei Kopfgeldjäger im Wilden Westen: »Hey, gestern habe ich deinen Vater getroffen.«
»So, wo denn?«
»Zwischen den Augen.«

Im Wilden Westen hat die ganze Schulklasse nichts gelernt und sitzt stumm da. Nur der kleine Jimmy meldet sich eifrig.
»Hör mal«, knufft ihn sein Nachbar, »bei uns sind schon ganz andere umgelegt worden, weil sie zu viel wussten ...«

Im Wilden Westen stürzt ein Riese von Cowboy in den Saloon und brüllt: »Wer heißt hier Jimmy Brown?«
Da erhebt sich ein kleines Männchen, das der Riese wortlos zusammenschlägt. Als der Ohnmächtige wieder zu sich kommt, kichert er durch die ausgeschlagenen Zähne: »Den hab ich vielleicht angeschmiert – ich bin gar nicht Jimmy Brown ...«

Ein ostfriesischer Bauer fährt zum ersten Mal in seinem Leben in Hamburg mit einem Taxi und fragt den Fahrer: »Was bedeutet denn der Stern vorn auf dem Auto?«
Der Fahrer verulkt ihn: »Das ist eine Zielvorrichtung für Rentner. Für jeden Rentner, den ich so nebenbei beseitige, zahlt mir die LVA eine Prämie.«
Und tatsächlich fährt er stur auf eine alte Frau zu und erst im letzten Moment haarscharf vorbei.
Trotzdem tut es einen harten Schlag und der Bauer verkündet fröhlich:
»Wenn ich nicht rechtzeitig die Tür aufgerissen hätte, wär uns die aber durch die Lappen gegangen!«

Richter: »Warum haben Sie denn Ihre Schwiegermutter aus dem fahrenden Auto geworfen?«
Angeklagter: »Es war doch Halteverbot!«

Richter zum Angeklagten: »Sie sind nicht geeignet, ein Auto zu fahren. Innerhalb von 14 Tagen haben Sie vier Fußgänger angefahren.«
Der Angeklagte: »Wie viele darf man denn?«

»Die Küche ist zwar etwas klein«, gibt der Makler zu, »aber für die eine Mahlzeit, die Sie sich bei der Miete noch leisten können, reicht sie völlig aus.«

»Angeklagter, Sie behaupten also, dem Kläger nur Tomaten an den Kopf geworfen zu haben. Wie erklären Sie sich dann aber die Beulen an seinem Kopf?«
»Die Tomaten waren noch in Dosen, Herr Richter!«

Der neue Gefängnisdirektor macht seinen ersten Rundgang und fragt die Häftlinge nach Strafmaß und Grund der Verurteilung.
»Lebenslänglich«, sagt der Insasse von Zelle 87.
»Wegen Schwarzarbeit.«
»Wie ist das möglich? Was sind Sie von Beruf?«
»Scharfrichter!«

»Sagen Sie, Herr Ober, wer ist denn der Herr dort mit dem weißen Bart?«
»Das ist Frau Oberlehrerin Meißgeier. Sie isst gerade Spagetti!«

Eine Frau steigt mit einem Pekinesen in die Straßenbahn. Dort hebt das Hündchen das Bein und benässt einen Fahrgast. Der Mann zieht ein Stück Schokolade aus der Tasche, bückt sich und hält es dem Hund hin. Darauf die Hundebesitzerin: »Mein Gott, Sie sind aber wirklich ein Tierfreund!« Der Mann: »Nicht so voreilig, gnädige Frau. Ich wollte nur feststellen, wo bei dem Tier der Kopf ist. Ich will ihm nämlich in den Hintern treten!«

Es klopft an die Tür eines Hauses in Boston. Der Hausherr öffnet das Schlafzimmerfenster und fragt: »Wer ist da?« – »Der Würger von Boston!« Da dreht der Mann sich um und ruft: »Liebling, da ist jemand für dich!«

»Warum hast du gestern gefehlt, Sabine?«, fragt die Lehrerin.
»Wir haben Familienzuwachs bekommen.«
»Brüderchen oder Schwesterchen?«
»Nein, ein Stiefväterchen.«

Ein Cowboy reitet nach der Hochzeit mit seiner jungen Frau zurück auf die Ranch. Unterwegs strauchelt das Pferd. Der Cowboy lakonisch: »Eins.« Nach ein paar Meilen strauchelt das Pferd wieder. Der Cowboy: »Zwei.« Kurz vor der Ranch strauchelt das Pferd erneut. Da sagt der Cowboy »drei«, zieht seinen Colt und erschießt das Tier. Die Frau erschrocken: »Du Rohling, wie konnte ich dich nur heiraten!« Darauf der Cowboy: »Eins.«

Zwei Engländer spielen miteinander Golf. Plötzlich kommt auf der nahen Straße ein Leichenzug vorüber. Der eine Engländer hält im Spiel inne und nimmt seine Mütze ab. Sein Spielpartner: »Hör mal, du kannst doch nicht einfach das Spiel unterbrechen!« Darauf der erste: »Entschuldige, aber schließlich war ich dreißig Jahre mit ihr verheiratet.«

»Mama, ich habe Papa gefunden.« – »Kind, du sollst nicht dauernd im Garten graben.«

OH!
HUNGER
MEIN SCHÖNES SCHNITZEL!
ER KOMMT NICHT RAN... ICH HAB MEINEN FUSS DRAUF!

Der achtjährige Sohn wünscht sich zum Geburtstag einen richtigen Colt. Der Vater: »Unsinn, du bekommst höchstens einen Spielzeugrevolver aus Plastik.« – »Ich will aber einen richtigen Colt haben.« Brüllt der Vater: »Halt den Mund, wer hat hier eigentlich zu bestimmen?« »Du – aber warte, wenn ich erst den Colt habe ...«

Die Lehrerin kommt in die Klasse und entdeckt zu ihrem Entsetzen eine große Pfütze auf dem Katheder. »Wer war das?«, fragt sie. Niemand meldet sich. »Das enttäuscht mich aber sehr«, sagt sie, »dann machen wir eben alle die Augen zu und der Täter geht zur Tafel und schreibt eine Entschuldigung daran.« Alle machen die Augen zu, man hört Schritte, Kreide kratzt über die Tafel, man hört wieder Schritte. »So, nun machen wir alle wieder die Augen auf«, sagt die Lehrerin. Auf dem Katheder ist eine zweite Pfütze. Und an der Tafel steht: »Der unheimliche Pisser hat wieder zugeschlagen!«

Die Bäuerin ist todunglücklich. Ihr ist da etwas zu Ohren gekommen – über ihren Mann. »Du, Josef, im Dorf heißt es, unsere Emma, die Magd, bekommt ein Kind!« – »Das ist ihre Sache ...« – »Du, Josef, im Dorf heißt es, das Kind sei von dir ...« – »Das ist meine Sache!« – »Du Josef, wenn das stimmt, dann nehme ich unseren Hund und geh mit ihm ins Wasser ...!« Der Bauer zornig: »Der Hund bleibt da ...!«

Ein Großwildjäger bekommt Besuch. Stolz zeigt der Hausherr die zahllosen Jagdtrophäen an den Wänden. »Sagen Sie mal, da hängt ja sogar der Kopf von einer Frau – und die lacht auch noch?« – »Ja, ja, das ist meine Schwiegermutter – und bis zum letzten Moment hat sie geglaubt, sie wird fotografiert.«

»Glauben Sie nicht, dass der Angeklagte Sie lediglich aus seiner großen Erregung heraus ein Rindvieh genannt hat?« – »Nein, das glaube ich nicht, Herr Richter. Er hat mich vorher lange und prüfend angeschaut.«

Die Hausaufgabe lautet:
Ein Wanderer geht in einer Stunde fünf Kilometer. Wie lange braucht er für dreizehn Kilometer?
»Paul«, fragt der Lehrer, »warum hast du denn die Aufgabe nicht gelöst?«
»Mein Vater ist noch unterwegs.«

»Mir ist so schlecht«, klagt der Leopard. »Wieso?«, fragt seine Frau. »Ach, der Fahrstuhlführer, den ich heute Mittag gefressen habe, kommt immer wieder hoch.«

»Was hast du denn da in deiner Jackentasche?«, fragt ein Texaner den anderen. »Eine Stange Dynamit. Denn immer, wenn ich Jack treffe, schlägt er mir auf die Tasche und zerbricht meine Zigaretten ... Das nächste Mal wird er sich wundern!«

Ein Mann fragt in einem Waffengeschäft nach einem Revolver. Verkäufer: »Es gibt da verschiedene Modelle. Was darf's denn für einer sein?« Kunde: »Ist mir egal – für fünf Personen.«

Zwei Männer stehen am offenen Fenster des Dachrestaurants. Fragt der erste: »Kannst du hier vom 18. Stock runterfliegen, am 3. Stock wenden und wieder neben mir landen?« Sagt der zweite: »Du bist ja betrunken!« Darauf der erste: »Mag sein, aber ich kann's.« Er fliegt runter bis zum 3. Stock, breitet die Arme aus und fliegt wieder nach oben. Der zweite: »Toll, unglaublich, fantastisch!« Der erste: »Das kannst du auch.« Der zweite: »Meinst du?« Er springt aus dem Fenster, fällt und fällt und klatscht auf die Straße. Da tritt der Kellner ans Fenster und sagt zu dem ersten: »Also, Superman, wenn du betrunken bist, machst du aber ziemlichen Scheiß!«

Bei einer Gebirgswanderung beschwert sich der ängstliche Städter beim Fremdenführer: »Auf solchen Wegen könnten Sie wirklich ein Geländer anbringen!« »Hatten wir früher auch«, erwidert der Einheimische, »es wurde uns aber zu teuer – die Touristen haben es immer mit in die Tiefe gerissen!«

Ein Mann sitzt in der Wüste unter einer Palme und spielt Geige. Ein Löwe kommt, umkreist den Musiker, legt sich nieder und lauscht. Ein zweiter Löwe kommt, legt sich nieder und lauscht. Ein dritter Löwe kommt und frisst den Mann samt Geige auf. Auf der Palme stößt ein Affe seinen Artgenossen an: »Habe ich es dir nicht gesagt? Wenn der Taubstumme kommt, hört das Gefiedel auf.«

Der Großvater geht mit seinem Enkel an einem Sommertag über eine Wiese. Er rupft einen Grashalm aus, preist ihn als Wunder der Schöpfung und steckt ihn in den Mund. »Du kannst die Kraft der Allmacht Natur sogar schmecken – probier es selber!« Da sagt der Enkelsohn: »Opa, ich glaube, wir kriegen ein Auto.« Der Großvater ist entgeistert – er preist die Schönheit der Natur und dieser Bengel denkt an Autos … »Du solltest dich schämen – außerdem kann sich dein Vater gar kein Auto leisten!« Der Enkel: »Papi hat gesagt, wenn Opa ins Gras beißt, kriegen wir ein Auto.«

Im Schnellzug Edinburgh-Aberdeen ertappt der Schaffner einen Mann ohne Fahrkarte. Nach einem erregten Wortwechsel verliert der Beamte die Geduld. Er greift nach dem Koffer des Schwarzfahrers und schreit: »Wenn Sie nicht zahlen, werfe ich Ihren Koffer aus dem Fenster!« Da wird der Mann ganz blass und schreit: »Reicht es Ihnen nicht, mich zu einem armen Mann zu machen? Wollen Sie jetzt auch noch meinen Sohn umbringen?«

Ein Fakir besucht den anderen.
»Schau, was ich dir mitgebracht habe!«
»Oh, einen ganzen Sack voller Nägel; das wird heute Abend eine tolle Kissenschlacht geben.«

»Ich muss mal austreten«, sagt Mäxchen.
»Kannst du das schon allein?«, fragt der Lehrer.
»Natürlich«, sagt Mäxchen und verlässt die Klasse.
Nach einer Weile kommt er zurück, nass von oben bis unten.
»Wie ist das denn passiert?«, fragt der Lehrer, »du sagtest doch ...«
»Ja, ja«, unterbricht ihn Mäxchen, »bei mir ist alles gut gegangen, aber da kam der Rektor und der hat mich glatt übersehen.«

»Heute werden wir fotografiert«, sagt die Lehrerin zu den Erstklässlern. »Wenn ihr später alt seid und das Bild betrachtet, werdet ihr sagen: Da habe ich meinen Freund Uwe kennen gelernt, und da ist die niedliche Susanne.«
Aus dem Hintergrund kommt eine zarte Stimme:
»... und das war meine Lehrerin, die ist nun schon lange tot.«

»Können Sie sich etwas Widerlicheres vorstellen als diese Tauben?«, fragt die alte Dame auf der Parkbank und zeigt auf den weißen Fleck auf ihrem taubenblauen Kleid.
»Ja«, erwidert die Nachbarin, »fliegende Hunde!«

»Sie haben aber einen süßen Mops!«
»Das ist kein Mops.«

»Was denn?«
»Unsere Katze ist gegen die Mauer gerannt!«

Das Krokodil, das von seiner Verlobten verlassen wurde, möchte aus dem Leben scheiden. Es greift zum Telefon, wählt und fragt: »Hallo, spreche ich mit der Handtaschenfabrik?«

Die ältere Dame betritt die Tierhandlung und sagt zum Verkäufer: »Ich hätte gern drei Piranhas, aber lebend.«
»Wozu brauchen Sie Piranhas, gnädige Frau?«
»Die Katze meiner Nachbarin hat bereits zweimal meine Goldfische gefressen – ich möchte ihr mal eine Lektion erteilen.«

»Fressen Tiger eigentlich Menschen?«, fragt sie den Zoowärter.
»Ja, aber aus Personalmangel füttern wir Rindfleisch!«

»Ich denke, du bist Vegetarier, und ausgerechnet du bestellst Hasenbraten?«
»Aus Rache, die fressen mir immer die Möhrchen weg.«

»Passen Sie doch auf, Sie haben Ihren Daumen in der Suppe«, rügt der Wirt den Kellner.
»Macht nichts, Chef, ist überhaupt nicht mehr heiß.«

»Bitte einen Hasen, aber ohne Schrotkugeln.«
»Nehmen Sie den hier – der hat sich die Pulsadern aufgeschnitten.«

»Schrecklich, diese Umweltverschmutzung: Gestern habe ich eine Dose Sardinen aufgemacht – voller Öl und alle Fische tot.«

Er kommt sehr spät und sehr betrunken nach Hause. Er fällt ins Bett und lallt: »Sag mal, ham Zitron Bbeine?«
»Natürlich nicht, du bist betrunken«, sagt die Frau.
»Ddann ha-habe iiich unsern Ka... Kanari in den Ent... safter getan.«

KÜSS MICH! ICH BIN EIN VERZAUBERTER MILLIONÄR!
WARUM KÜSST DU IHN NICHT?
ACH, MILLIONÄRE GIBT'S WIE SAND AM MEER, ABER EINE SPRECHENDE KRÖTE IST EINMALIG!

Die »Titanic« sinkt. In einem Winkel, abseits von der großen Panik, murmelt ein Sachse, als ihm das Wasser bis zum Hals steigt: »Eechendlich wollde ich mich ja verbrenn'n lass'n …«

Ein Kaplan aus München ist in ein oberbayerisches Dorf versetzt worden. Als er zum ersten Mal die Beichte abnimmt, gesteht ein Bauer, dass er gewildert habe. Auf solche Probleme ist der Geistliche aus der Stadt nicht vorbereitet. Also bittet er den Sünder um einen Augenblick Geduld und geht hinüber zum anderen Beichtstuhl, in dem der Pfarrer sitzt.
»Da ist einer«, flüstert der Kaplan, »der hat ein Reh gewildert. Was soll ich ihm geben?«
»Schwer zu sagen«, flüstert der Pfarrer zurück, »auf keinen Fall mehr als drei fünfzig das Kilo!«

»Warum haben Sie die Asche Ihres Mannes in eine gläserne Urne getan?«
»Er schaute immer so gern aus dem Fenster.«

Kommt ein Mann im weißen Kittel ins Krankenzimmer und fragt den Patienten: »Wie groß sind Sie denn?«
Patient: »1 Meter 80, Herr Doktor.«
Mann: »Ich bin nicht der Doktor, ich bin der Schreiner!«

»Ist Ihr Mann auch so aufmerksam wie meiner?«
»Ich glaub schon – immer wenn ich einen schweren Koffer trage, darf ich mich bei ihm einhaken.«

Der stolze Vater geht in die Klinik und sagt zur Schwester:
»Ich möchte meinen Sohn sehen.«
»Gern, Station A, bitte.«
Der Vater geht zur Station A und sieht mehrere Türen. An der ersten steht »Schöne Babys«. Er öffnet die Tür und ruft:
»Kurtie, Kurtie!«
Nichts. Er geht zur nächsten, an der steht »Normale Babys«.
»Na ja«, murmelt der Vater, »reicht ja auch.«
Er öffnet die Tür und ruft wieder: »Kurtie, Kurtie.«
Keine Antwort. Er wendet sich zur dritten Tür, an der steht »Hässliche Babys«.
Vorsichtig geht er hinein und ruft abermals: »Kurtie, Kurtie!«
Als sich wieder keiner meldet, geht er zur letzten Tür. Da hängt ein Schild »Kurtie«.

Die Eltern sind beunruhigt, weil ihre kleine Tochter offensichtlich die Zukunft voraussagen kann, denn alles, was das Kind angekündigt hat, ist eingetroffen. Eines Morgens erklärt das Mädchen: »Morgen um halb neun wird Papa tot umfallen.« Die Eltern sind entsetzt. Als am nächsten Morgen um halb neun der Briefträger klingelt, bricht er plötzlich tot zusammen. »Gott sei Dank«, stöhnt der Vater des Mädchens erleichtert auf, »diesmal hat die Kleine sich geirrt.«

Ein kleiner Junge führt seine Großmutter im Regen spazieren. An jeder Pfütze sagt er: »Oma, hüpf!« Ein Bekannter der Großmutter kommt vorbei und fragt: »Weshalb lässt du denn deine arme Oma hüpfen, auch wenn gar keine Pfützen da sind?«
»Das geht Sie überhaupt nichts an«, sagte der Junge, »das ist meine Oma und die kann ich hüpfen lassen, so oft ich will.«

»Sie müssen beim Ausfüllen des Totenscheins mehr Sorgfalt walten lassen«, mahnt der Chefarzt den jungen Assistenten. »Sie haben schon wieder in der Spalte mit der Frage TODESURSACHE Ihren eigenen Namen eingetragen!«

»Bei wem möchtest du lieber sein, bei deinem Vater oder bei deiner Mutter?«, fragt der Scheidungsrichter den kleinen Sohn.
»Weiß ich noch nicht! Wer bekommt den Videorekorder?«

Der achtjährige Sohn ist trotz der Bedenken seiner Eltern zum ersten Mal allein in ein Feriencamp gefahren. Große Freude herrscht zu Hause, als der Postbote die erste Karte bringt.
»Liebe Eltern, schöne Grüße aus unserem Camp. Es ist alles ganz toll hier. Das Wetter ist gut, die anderen Jungs sind auch prima und wir können machen, was wir wollen. Viele Grüße von eurem Burschi!
P. S. Was ist eigentlich eine Epidemie?«

Der Franzl Untermoser will von seinem Vater, dem Toni, aufgeklärt werden: »Du, Babba, was is'n der Unterschied zwischen aner Katastrophn und am Unglück?«
Toni denkt kurz nach: »Wann auf'n Starnberger See a Dampfer untergeht und es san vierzig Preißn drauf, nacha is des a Unglück.«
Drauf der Maxl: »Und was is'n nacha a Katastrophn?«
Drauf der Toni: »Wenn dee Preißn schwimma kenna.«

Ein Cowboy braucht dringend einen neuen Gaul und geht zu einem Pferdehändler. Doch die Tiere sind ihm alle zu teuer. »Dahinten habe ich noch eins«, sagt der Händler, »das hat mal einem Pfarrer gehört. Es sieht zwar alt und klapprig aus, ist aber schnell wie der Wind und kostet nur 50 Dollar. Wenn Sie ›Gott sei Dank!‹ zu ihm sagen, rast es los, und wenn Sie wollen, dass es anhält, rufen Sie ›Amen!‹« Der Cowboy glaubt es nicht und verlangt einen Proberitt.
Also steigt er auf, spricht »Gott sei Dank!« und der Gaul rast los, dass er sich nur mit Mühe festhalten kann. Durch die Stadt, über die Prärie, einer steilen Schlucht entgegen. Doch er hat bei dem mörderischen Tempo das zweite Wort vergessen, erst Zentimeter vor der Schlucht fällt es ihm ein und er ruft: »Amen!« Im selben Augenblick bremst der Gaul, dass die Hufeisen kreischen. Da wischt sich der Cowboy den Schweiß von der Stirn und stöhnt: »Gott sei Dank!«

Der Lehrer fragt Norbert:
»Sag mal, was soll das unter dem Aufsatz: Alle Rechte vorbehalten, einschließlich der Verfilmung und Übersetzung?«

»Meine Frau wünscht sich zum Geburtstag ein Streichinstrument.«
»Und was schenkst du ihr?«
»Ein Buttermesser.«

Familie Klobig macht Urlaub an der Adria. Die kleine Andrea findet eine große Seemuschel und hält sie sich ans Ohr.
»Mutti, Mutti«, ruft sie aufgeregt, »ich kann die Autobahn hören.«

Ein Mann kommt aufgeregt zum Arzt.
»Herr Doktor, Herr Doktor! Bitte probieren Sie mal!« Er nimmt einen Teelöffel, legt ein Stück Würfelzucker drauf und träufelt aus einem kleinen Fläschchen ein paar Tropfen Flüssigkeit darüber. Der Arzt probiert und meint: »Ja und? Ich schmecke nichts Außergewöhnliches.« »Das verstehe ich nicht«, sagt der Mann, »ich war bei einem Ihrer Kollegen. Der hat mich zu Ihnen geschickt und gemeint, ich solle bei Ihnen dringend mal meinen Urin auf Zucker untersuchen lassen.«

OMA, WAS IST EIGENTLICH EIN GELIEBTER?
MEIN GOTT! DA FÄLLT MIR WAS EIN!
!

Der kleine Kuckuck hat sich verflogen. Er ist mitten über dem Ozean. Verzweifelt schreit er:
»Kuckuck, kuckuck ...«
Plötzlich taucht aus dem Meer ein Haifisch auf und sagt mit einem Augenzwinkern:
»Hai!«

Alle fünf Finger sind feuerrot auf Detlefs Backe zu sehen.
»Na«, fragt ihn sein Freund, »hat dir dein Vater eine gelangt?«
»Nee, das ist ein Muttermal!«

Kommt ein Tscheche zum Augenarzt. Der hält ihm die Buchstabentafel vor, auf der steht C Z W X N Q Y S T A C Z, und fragt ihn: »Können Sie das lesen?«
»Lesen?«, ruft der Tscheche erstaunt aus. »Ich kenne diesen Kerl!«

Stephanie kommt in die Schule und erzählt, ihr Vater habe ein neues Auto gekauft.
»Was du nicht sagst! Er ist wohl sehr stolz darauf, auf seinen neuen Wagen?«
»Und wie! Die ganze Nacht hat er in der Garage verbracht, den Wagen mit einer schicken Farbe angespritzt und neue Nummernschilder angebracht!«

Zwei Jungen kommen aus der Schule.
Fragt der eine:
»Kommst du zum Spielen?«
»Nein, ich muss Kartoffeln schälen.«
»Und dann?«
»Muss ich sie aufsetzen!«
»Und dann?«
»Dann essen wir.«
»Hast du danach Zeit?«
»Nein, dann muss ich abwaschen.«
»Ja, habt ihr denn keine Oma fürs Grobe?«

»Na, Jörg, du hast aber im Urlaub dicke Backen bekommen. War das Essen so gut?«
»Nö, ich musste immer die Luftmatratzen aufblasen!«

»Was habt ihr denn heute in der Schule gelernt?«
»Das Lied vom Schlächter Müller.«
»Was? Das kenne ich ja gar nicht!«
»Es geht so: Das muss ein Schlächter Müller sein, dem niemals fiel das Wandern ein ...«

Deutschunterricht in der Schule. Der Lehrer bringt den Kindern bei, dass Wörter mit der Vorsilbe »Un« meist etwas Hässliches bedeuten. Als Beispiel nennt er »Unsinn, Unfrieden, Unheil«. Dann fragt er Fritzchen: »Weißt du auch ein Beispiel?«

Strahlt Fritzchen:
»Unterricht!«

Fritzchen:
»Papa, der Heinz Burgmeier hat auf seinen Aufsatz eine Fünf gekriegt!«
Vater:
»Dafür kann der Junge nichts. Dummheit ist eben erblich. Die hat er von seinem Vater. Das ist der größte Hornochse, den ich kenne.«
Fritzchen:
»Papa, ich hab eine Sechs …«

»Letztes Jahr überraschte ich meine Frau mit einem wunderschönen Luftkissen!«
»Und dieses Jahr?«
»Blase ich es ihr neu auf!«

Der Schotte McDonald brachte seinen beiden Jungen einen Luftballon vom Jahrmarkt mit.
»Aber ehrlich teilen«, sagte er.

»Gestern machte ich einen Schwangerschaftstest.«
»Waren die Fragen schwierig?«

Ein neuer Schüler erkundigt sich besorgt bei einem Mitschüler im Internat:
»Hast du auch schon von dem Gerücht gehört, ich sei ein Bettnässer?«
»Nein, bis zu mir ist noch nichts durchgesickert!«

Zwei Freunde treffen sich auf der Straße.
»Schöne Schuhe hast du an, was haben die gekostet?«
»59,80 DM ...«
»Dafür hättest du auch neue bekommen.«

In der Schule wird ein Erste-Hilfe-Kurs durchgeführt.
»Was würdest du tun, wenn du an dir ein Zeichen von Tollwut feststellen würdest?«, wird Heiner vom Schularzt gefragt.
»Meinen Lehrer beißen!«

Zwei kleine Mädchen erzählen einander in der Schulpause Geheimnisse.
»Also gut, Susi«, sagt die eine. »Du kannst es Maria, Hanni, Christa, Elvira, Moni, Kerstin, Elfi, Ulrike, Lyssi, Anni und Rosemarie sagen – aber sonst ja niemandem!«

Während des Fernsehkrimis sagt die Mutter:
»Das ist nichts für Kinder. Stefan, du musst jetzt ins Bett!«
»Warum, wie geht der Krimi denn aus?«
»Der böse Mörder ersticht seine Frau und löst die Leiche in Salzsäure auf. Danach erhängt er sich im dunklen Wald, und nun schlaf schön und träume süß!«

Der Lehrer stöhnt:
»Diese Klasse ist so schlecht in Mathe, dass mindestens 70 Prozent eine Fünf bekommen müssten!«
Gelächter aus der hintersten Reihe:
»Ha, ha, so viele sind wir doch gar nicht!«

Egon geht zur Post.
Meint der Beamte:
»Sie haben hier auf dem ›i‹ den Punkt vergessen.«
»So setzen Sie ihn doch darauf«, meint Egon.
»Tut mir leid«, erwidert der Beamte, »aber es muss dieselbe Handschrift sein.«

Arzt: »Also, Herr Müller, Sie sind ja schon wieder betrunken, habe ich Ihnen nicht gesagt, nur eine Flasche Bier pro Tag?«
Müller: »Ja, glauben Sie eigentlich, Sie sind der einzige Arzt, zu dem ich gehe?«

»Warum hast du für unseren Gast denn kein Besteck aufgelegt?«, fragt die Hausfrau vorwurfsvoll ihre kleine Tochter.
»Nicht nötig, Mami. Du hast doch gesagt, der frisst wie ein Pferd.«

Petra hat im Papierkorb des Vaters einen 20 DM-Schein entdeckt und verlangt, als sie ihn ihrem Vater gibt, 10 Prozent Finderlohn.
Da schaut der Vater sie ernst an und meint:
»Du musst aber nicht gleich unverschämt werden. Hier sind 5 DM – und damit basta!«

»Peter«, sagt der Vater wütend, »willst du nun artig sein oder willst du ohne Essen ins Bett?«
»Was gibt es denn?«, erkundigt sich der Junge vorsichtig.

Sagt die Lehrerin zur Klasse:
»Nun, liebe Kinder, morgen kommen eure Eltern in die Schule. Wer eine Antwort weiß, hebt die rechte Hand hoch. Wer nichts weiß, hebt die linke Hand hoch, damit eure Eltern sich freuen, dass alle sich melden.«

»Onkel, tut dir dein Ohr weh?«
»Warum denn?«
»Vati hat gesagt, er hätte dich gestern tüchtig übers Ohr gehauen.«

»Paulchen, woher kommt der Ausdruck ›Auge um Auge, Zahn um Zahn‹?«
»Aus dem Boxsport, Herr Lehrer!«

Die kleine Marion ist bei ihrer Großmutter zu Besuch. Sie ist ziemlich quengelig und unartig.
»Marion«, sagt die Großmutter, »wenn kleine Mädchen nicht artig sind, ergeht es ihnen wie dem Rotkäppchen, das vom bösen Wolf gefressen wird.«
»Ja, ich weiß«, antwortet Marion, »aber zuerst hat er die Großmutter geschnappt!«

»Wie stehen meine Chancen, Herr Doktor?«
»Tja, wissen Sie, ich mache diese Operation bereits zum 28. Mal!«
»Na, dann bin ich ja beruhigt.«
»Eben, einmal muss sie mir ja gelingen!«

Der kleine Seehund will die Seehündin verführen. Die aber ziert sich.
»Das kann ja wohl nicht wahr sein«, sagt der Seehund unwirsch. »Wir stehen auf der Liste der vom Aussterben bedrohten Tiere und du zierst dich …«

Ein Herr geht allein im Wald spazieren. Plötzlich steht da ein riesiger Kerl und sagt freundlich:
»Ach, lieber Herr, können Sie nicht einen armen, einsamen Menschen ein wenig unterstützen, der nichts auf der Welt hat als einen geladenen Revolver …?«

Ein ostfriesischer Pilot bringt seine Maschine einen Meter vor dem Ende der Piste zum Stehen. Fluchend meint er: »Scheiß-Landebahn, nur 100 Meter lang, aber zwei Kilometer breit!«

Geht die Coca Cola-Werbeagentur zum Papst.
Sie fragt ihn: »Können Sie den Text ›Vater unser, unser täglich Brot gib uns heute‹, nicht in ›Unser tägliches Coke gib uns heute‹ umwandeln? Natürlich für 1 Mio. DM.«
Der Papst findet, dass 1 Mio. DM zu wenig sind. Die Werbeagentur steigert auf 10 Mio. DM.
Da ruft der Papst seine erste Sekretärin und fragt: »Wie lange haben wir noch den Vertrag mit der Bäckerinnung?«

Der Meister und sein Lehrling verlegen Teppichboden. Fragt der Lehrling:
»Meister, hier ist eine Mordsbeule in der Auslegeware. Wie kriege ich die am besten weg?«

»Hau ein paar Mal mit dem Hammer drauf!«
Kurz darauf schaut die Frau des Hauses ins Zimmer.
»Eine Frage, meine Herren, hat einer von Ihnen vielleicht meinen Goldhamster gesehen?«

Anton bringt seinem Freund endlich eine geliehene Schallplatte zurück.
»Mensch, da sind ja Kratzer drauf.«
Da antwortet Anton: »Das sind keine Kratzer, ich habe nur die besten Stellen angekreuzt.«

Kommen zwei Jungen in eine Drogerie.
»Unser Vati ist in einen Bienenkorb gefallen.«
»Braucht ihr Salbe?«
»Nein, einen Farbfilm!«

»Herr Lehmann, Sie sollten mehr darauf achten, dass abends Ihre Gardinen zugezogen sind! Gestern zum Beispiel konnte ich sehen, wie Sie Ihre Frau küssten!«
»Ha, ha, ha! Gestern Abend war ich gar nicht zu Hause!«

Sagt die Mutter zu ihrem Sohn:
»Zwei Ausdrücke will ich nicht mehr hören, der eine ist ›saublöd‹ und der andere ›zum Kotzen‹!«
»Okay, Mutti, und welches sind die beiden Ausdrücke?«

Tröstet ein Anwalt seinen gerade verurteilten Mandanten:
»Jetzt sitzen Sie erst einmal Ihr Lebenslänglich ab und dann werden wir schon weitersehen!«

Wendet sich der Pastor während der kirchlichen Trauung verärgert an den Bräutigam:
»Junger Mann, ich bin gewohnt, dass man auf meine Frage mit einem klaren ›Ja‹ antwortet und nicht mit einem ›Meinetwegen‹.«

»In Persien lebt die älteste Frau der Welt. Sie hat ihr Alter selbst mit 126 Jahren angegeben.«
»Donnerwetter, wie alt mag sie erst in Wirklichkeit sein!«

An einem eisig kalten Wintertag sitzt ein Angler mit einer dicken Backe am Fluss.
Fragt ein Spaziergänger teilnahmsvoll: »Haben Sie Zahnschmerzen?«
»Nein, aber irgendwie muss ich ja die Würmer auftauen.«

Was ist der Unterschied zwischen einem Pessimisten und einem Optimisten?
Der Pessimist sagt: »Alle Frauen sind verdorben!«
Der Optimist: »Na hoffentlich!«

Ein Elefant geht über die Straße und trifft einen nackten Mann. Er schaut sich diesen von oben bis unten an und fragt ihn:
»Damit willst du essen?«

Markus geht zu seinem Deutschlehrer:
»Herr Frei, was heißt das, was Sie unter meinen Aufsatz geschrieben haben?`«
»Das heißt ›deutlicher schreiben‹!«

Frage: »Woran kann man einen Schwarzbär von einem Grizzly unterscheiden?«
Antwort: »Der Schwarzbär kommt zu dir rauf auf den Baum, der Grizzly schüttelt dich runter!«

Peter stöhnt: »Ich war das jüngste von acht Kindern und musste immer die Sachen meiner Geschwister auftragen!«
»War das so schlimm?«
»O ja, ich war der einzige Junge!«

Wer hat das Jodeln erfunden?
Die Japaner. Als sie eine Bergtour machten, fiel ihr Radio in eine Felsspalte. Da sagte der eine Japaner zum anderen: »Hol du die Ladio!«

»Mutti, ich mag meinen kleinen Bruder nicht.« – »Sei still, du isst, was auf den Tisch kommt.«

Der schwer kranke Firmeninhaber flüstert seiner Frau ins Ohr: »Was soll nur werden, wenn ich nicht mehr da bin?«
Beruhigend tätschelt ihm seine Frau die Fieberwange: »Jetzt stirb du erst mal – und dann sehen wir weiter!«

PAPA, WARUM HEISST DER BERG TEUFELSRACHEN?
KEINE AHNUNG!

Um die Tote zu identifizieren, wird der Ehemann ins Leichenschauhaus geholt. Kurz entschlossen greift er unter das alles verdeckende Laken, tastet an den Beinen entlang und nickt dann dem Beamten zu:
»Ja, das ist meine Frau – sie hatte immer so kalte Füße ...«

»Sie sehen ja schlechter aus als vor drei Tagen. Haben Sie denn meine Anordnung, nur drei bis vier Zigaretten am Tag zu rauchen, nicht befolgt?«
»Doch, Herr Doktor – aber ich habe doch vorher überhaupt nicht geraucht.«

Ein Steuerzahler geht mit seinem kleinen Sohn zum Finanzamt. In dem zuständigen Amtszimmer sitzt eine junge Beamtin mit einem auffallend großen Busen.
»Vati, ist das eine Steuerschraube?«
»Mein Junge, wie kommst du denn darauf?«
»Aber Vati, du hast doch heute morgen selbst gesagt: ›Die Steuerschraube ist verdammt scharf angezogen‹!«

»Und wie hast du deinen Mann dazu gebracht, endlich pünktlich zu sein?«
»Ganz einfach, ich habe nur mal so nebenbei erwähnt, dass Unpünktlichkeit eine typische Alterserscheinung sei!«

Frage an den Arzt: »Wird die Operation sehr teuer werden?« – »Diese Sorge können Sie getrost Ihren Erben überlassen!«

Graf Bobby rammt beim Parken ein Auto. Gleich sammeln sich Neugierige. Unter ihren Augen schreibt Graf Bobby einen Zettel, klemmt ihn unter die Scheibenwischer des beschädigten Wagens und fährt davon. Als der Besitzer kommt, liest er: »Dies schreibe ich, damit die Zuschauer denken, ich lasse meine Adresse da. Das war ein Irrtum!«

»Herr Graf«, sagt der Diener zu Graf Bobby, »an der Tür ist eine Dame, die sammelt für das Trinkerheim.« – »Gut, Leopold, gib ihr eine Flasche Kognak.«

Der Chef des großen Konzerns zu seinem Direktor: »Suchen Sie in unserem Betrieb nach einem intelligenten, zielstrebigen jungen Mann mit Initiative und Tatkraft, der mich eventuell einmal ersetzen kann.« – »Und wenn ich ihn gefunden habe?« – »Rausschmeißen!«

Im Cockpit wird Geburtstag gefeiert und kräftig Durst gelöscht. Sagt der Kapitän nach dem zehnten Whisky: »Nun muss ich aber aufhören, ich habe mein Auto am Flugplatz!«

»Leiden Sie eigentlich stark unter Durst?«, fragt der Arzt den Patienten, hinter dem er einen Trinker vermutet. – »So weit hab ich es noch nie kommen lassen, Herr Doktor...«

»Also, durch seinen gewaltigen Durst soll der Maier Schorsch vorzeitig gestorben sein – war es denn wirklich so schlimm?« – »Des kenna S' Eahna denga, allein vier bayrische Brauereien war'n bei seiner Beerdigung!«

Im Wirtshaus sitzt ein Rothaariger einem Glatzkopf gegenüber. Beide löschen gerade ihren Durst. Sagt der Rothaarige zum Glatzkopf: »Na, wollte dir der liebe Gott keine Haare geben?« – »Doch, doch, aber nur rote, und die wollte ich nicht haben ...«

Johann hilft dem schwerhörigen Grafen aus dem Mantel und murmelt wie gewohnt: »Na, alter Gauner, wieder mal Durst gehabt, wieder mal gesoffen und rumzigeunert?« – »Nee, Johann, in der Stadt gewesen und Hörgerät gekauft!«

Werbung eines amerikanischen Versicherungsbüros: »Vorgestern versicherten wir einen Ehemann, gestern brach er sich im Auto das Genick, heute zahlten wir seiner Witwe 50.000 Dollar aus. Handeln Sie schnell, schon morgen können Sie die Glückliche sein!«

Lotti besucht ihre bessere Ehehälfte im Gefängnis. »Wie kommst du finanziell zurecht?«, fragt er besorgt. »Ach, ganz prima«, tröstet sie ihn. »Mit der Belohnung, die für deine Ergreifung ausgesetzt war, kann ich noch mindestens drei Jahre sorgenfrei leben ...«

Der Ober im FKK-Club kommt nackt an den Tisch: »Was darf es sein?« – »Müssen Sie wirklich mit vollem

Mund reden?« – »Ich muss«, sagt der Ober, »oder können Sie mir verraten, wohin ich mein Wechselgeld tun soll?«

Vor Gericht: »Sie sind also der Ansicht, dass der Angeklagte es vermeiden konnte, Sie zu überfahren?« – »Ja, unbedingt, zumal er die Wahl hatte.« – »Die Wahl?« – »Ja, die Wahl zwischen mir und meiner Frau …«

»Was gab's heute im Hotel zu essen?«, fragte der Urlauber, der eine Tageswanderung unternommen hatte. – »Ufos, nichts als Ufos.« – »Und was ist das?« – »Unidentifizierbare, fleischähnliche Objekte.«

Zwei Irre lassen sich mit einem langen Seil an der Anstaltsmauer herunter. Unten angelangt, meint der eine: »Jetzt aber schnell wieder rauf. Die Generalprobe hat prima geklappt.«

»Das ist ja allerhand«, meint der Musiker, der gerade Privatunterricht erteilt, »eine Maschinenpistole im Geigenkasten!« – »Um Gottes willen«, sagt der Schüler entsetzt, »nun steht Vater mit der Geige in der Sparkasse!«

Zwei Pfarrer unterhalten sich: »Meinst du, dass wir es noch erleben, dass der Papst das Zölibat aufhebt?« – »Wir nicht, aber unsere Kinder!«

»Hat man über Ihr Auge gleich kühle Umschläge gemacht?«, fragt der Sportarzt den gestürzten Snowboarder.
»Nein, nur dumme Witze!«

»Angeklagter, wie kamen Sie eigentlich auf den Gedanken, das Auto zu stehlen?«
»Na ja, das Auto stand vor dem Friedhof, und ich dachte, der Besitzer sei tot.«

Im Restaurant fordert ein eiliger Gast: »Schnell ein Käsebrot, Herr Ober, ich muss gleich weg!« – »Da kann ich Ihnen unser Salamibrot empfehlen, mein Herr, das muss auch weg!«

»Kleiner, wenn du mir versprichst, nicht mehr dieses hässliche Wort zu brauchen, dann gebe ich dir 20 Pfennig.«
»Sie, aber ich kenne noch ein anderes Wort, das ist mindestens seine 80 Pfennige wert!«

Inschrift auf einem Grabstein:
»Hier ruht John Dixon, er wollte mit einem Streichholz nachsehen, ob noch Benzin in seinem Tank war. Es war noch welches drin.«

An der kalifornischen Küste wird ein Western gedreht. Zwischen Weißen und Rothäuten findet ein großer Kampf statt. »Sie geben ja Unmengen für die Komparsen aus«, sagt ein Zuschauer zu dem Produzenten, »was müssen Sie denn hinterher bezahlen?«

»Halb so schlimm«, sagt der Produzent, »am letzten Drehtag lasse ich einfach die Platzpatronen gegen scharfe Munition eintauschen.«

Ein Mann kommt in die Hölle. Als er durch den Haupteingang gelangt ist, sieht er zwei Wegweiser: Hölle des Westens rechts, Hölle des Ostens links. Da er im Westen gelebt hat, entschließt er sich, auch in die Hölle des Westens zu gehen.
Dort wird er von zwei Teufeln empfangen. »Was wird nun mit mir geschehen?«, fragt er den einen Teufel.
Der antwortet: »Zuerst wirst du auf einen Eichentisch gelegt, dann wirst du mit rostigen Nägeln angenagelt, mit Öl übergossen und angezündet.«
»Dann gehe ich lieber in die Hölle des Ostens«, ruft der Mann den Teufeln zu und läuft in die andere Richtung.
Als er dort ankommt, stehen die Leute Schlange. Er fragt einen Mann aus der Schlange: »Was passiert hier?«
»Zuerst wirst du auf einen Eichentisch gelegt ...«
»Um Himmels willen«, ruft der Mann, »das ist ja genau wie in der Hölle des Westens.«
»Nicht ganz, mein Freund«, sagt der Mann aus der Schlange, »denen hier geht manchmal das Öl aus, hin und wieder haben sie keine Nägel, und heute haben sie Schwierigkeiten mit dem Feuermachen.«

»Mami, ich will nicht nach Amerika!« – »Sei still und schwimm weiter!«

Ein altes Ehepaar geht mit dem Hund spazieren. Da kommt ein Polizist, betrachtet den Hund und erschießt ihn. Auf die Beschwerde des Ehepaares sagt er: »Er hat die Räude, die ist ansteckend.«
Die Frau fragt: »Wieso können Sie das sehen?«
»Na«, sagt der Polizist, »sehen Sie den stieren Blick in den Augen, die Hängebacken, die kahlen Stellen am Kopf und den hängenden Schwanz?«
»Schnell«, flüstert die Frau da ihrem Mann zu, »hau ab, sonst erschießt er dich auch noch!«

Ein Mann steigt in einen ziemlich überfüllten Bus. Nach einer Weile nimmt er sein Glasauge raus und wirft es ein paar Mal in die Luft. Fragt ihn jemand, wieso er das denn mache. Antwort: »Ich wollte nur mal nachsehen, ob ein Sitzplatz frei geworden ist.«

Zum Zirkusdirektor kommt ein kleiner, unscheinbarer Mann. »Ich möchte Ihnen eine neue Nummer anbieten. Ich springe aus der Zirkuskuppel in die Manege, mit dem Kopf voran, ohne Netz.«
Der Direktor glaubt das nicht. Also gehen beide in die Manege. Der Mann klettert in die Kuppel, springt runter, knallt mit dem Kopf auf, bleibt einen Moment liegen, erhebt sich und schaut den Direktor mit großen Augen an.
»Das ist ja großartig«, jubelt der, »das lasse ich mir 300 pro Abend kosten.«

WART NUR... MORGEN KRIEG ICH DICH!
DENKSTE! ICH BIN EINE EINTAGSFLIEGE!

»Nein …«, wehrt der Mann ab.
»500!«
»Nein …«
»Na gut, 1000.«
»Nein … ich hab es mir überlegt, ich springe gar nicht mehr«, sagt der Mann leise.
»Aber hören Sie. Sie bekommen eine Traumgage und jetzt wollen Sie plötzlich nicht mehr. Das versteh ich nicht.«
Der Mann lächelt unsicher: »Wissen Sie, ich habe nicht gewusst, dass es so weh tut!«

Auf einer Straße geht ein Mann spazieren, der an der Leine einen Hund ohne Beine hinter sich herzieht.
Spricht ihn ein Passant an: »Was ist denn mit dem armen Hund los?«
»Nun, der hat eben keine Beine mehr!«
»Hat der Hund denn auch einen Namen?«
»Nöö, wozu denn, wenn ich ihn rufe, kann er ja doch nicht kommen.«

Aus einer schottischen Zeitung:
»McTavish und McMark wetteten um eine Flasche Whisky, wer von ihnen am längsten die Luft anhalten könne. Die Beerdigung der beiden ist am kommenden Dienstag.«

Klein Erna sagt in der Schule ein Gedicht auf:
»Ein Fischer saß am Elbestrand
und hielt 'ne Angel in der Hand.
Da möchte er fangen einen Barsch,
das Wasser ging ihm bis zum Knie.«
Der Lehrer meint: »Aber Erna, das reimt sich doch gar nicht.«
»Na«, meint Klein Erna, »denn warten Sie man, bis die Flut kommt, dann reimt sich das schon.«

Herr Müller fährt mit seinem neuen Sportwagen aus. Kurz vor einer Kreuzung fragt er seine Frau: »Kommt von rechts ein Auto?«
»Nein«, kommt die Antwort, worauf Müller Gas gibt. Da sagt seine Frau: »Nur so ein hässlicher Tankwagen!«

Im Autobus. Ein Mann liest in einem Buch Statistiken über Geburten und Sterbefälle. Plötzlich wendet er sich an eine Frau: »Wissen Sie, dass bei jedem Atemzug, den ich mache, ein Mensch stirbt?«
Darauf die Frau: »Interessant, aber haben Sie es schon mal mit Zahnpasta versucht?«

Nach der Operation eines Elefanten sagt der Arzt: »Die Operation ist ja gut verlaufen, aber wo ist denn Schwester Inge?!«

Ein Ritter legte sich eines schönen Mittags in voller Rüstung unter einen Baum. Als er selig schlief, kam ein hungriger Löwe vorbei, betrachtete den Ritter und knurrte: »Verdammt, schon wieder Konserven.«

Ein schlitzohriges schwäbisches Bäuerle sitzt beim Zahnarzt. Alle Zähne werden gezogen. Das Bäuerle soll ein neues Gebiss bekommen. Mitten während der Behandlung klingelt das Telefon. Am Apparat ein Polizist. Kurze Unterhaltung.

Mit ernster Miene kommt der Zahnarzt zurück: »Lieber Herr Schwitzgäbele, ich habe eine sehr traurige Nachricht für Sie. Fassen Sie sich. Ihre liebe Frau hat vorhin auf der Eisenbahnfahrt in die Kreisstadt die Tür verwechselt und ist aus dem Zug gestürzt. Ein Bein wurde ihr abgefahren. Tut mir leid, Ihnen das mitteilen zu müssen.«

Mit schmerzverzogenem, dick verschwollenem Gesicht und eingekniffenen Lippen darauf das Bäuerle: »Ausgerechnet heit ... wo i net lache kann.«

Ein Mann mit einem Glasauge hat den sehnlichen Wunsch, wieder auf beiden Augen sehen zu können. Ein Chirurg macht ihm große Hoffnungen: »Das können wir beim heutigen Stand der Medizin schon machen. Sie müssen nur einen Spender ausfindig machen, der Ihnen ein Auge opfert!«

Auf der Nachhausefahrt wird der Einäugige von einem

rasanten Autofahrer überholt. Drei Kurven weiter knallt der schnelle Wagen gegen einen Baum, das Auto ist nur noch ein rauchender Trümmerhaufen. Der Fahrer ist tot.

Blitzschnell erkennt der Einäugige seine Chance, zu einem neuen Auge zu kommen. Taschenmesser raus, ein Schnitt, dem armen Verunglückten wird das überflüssige Glasauge verpasst – und nichts wie zurück in

die Klinik. Dort klappt auch die Transplantation zu aller Zufriedenheit.
Am nächsten Tag wird die Binde entfernt und glücklich, wieder auf beiden Augen zu sehen, greift der Patient zur Zeitung. Schlagzeile des Tages: »Polizei steht vor einem Rätsel. Sportwagenfahrer mit zwei Glasaugen tödlich verunglückt.«

Zwei Jungen spielen mit zwei Hunden und versuchen, ihre Schwänze aneinander zu knoten. Eine alte Dame beobachtet das und schreit: »Was fällt euch ein, die Tiere so zu quälen, was würdet ihr tun, wenn ich das mit euch machen würde?« Da sagt einer der Jungen: »Können Sie denn so kleine Knoten?«

»Gnädige Frau, waren Sie auch im Urlaub?«
»Ja, in Italien.«
»Haben Sie denn auch den Brenner überfahren?«
»Ja, wir haben jemanden überfahren, aber ob der Brenner hieß, weiß ich auch nicht.«

Fritzchen weint schon den ganzen Tag, weil sein kleiner Hamster gestorben ist.
Sein Vater sagt zu ihm: »Als Großmutter starb, hast du doch auch nicht so geweint.«
Fritz noch immer schluchzend: »Die habe ich ja auch nicht von meinem Taschengeld gekauft.«

Stationsarzt zur Jungschwester: »Haben Sie Patient Nr. 12 das Blut abgenommen?«
»Ja, aber mehr als 6 Liter habe ich nicht aus ihm herausbekommen.«

Ein Gast bemerkt im Restaurant: »Herr Ober, Sie haben Ihren Daumen auf meinem Steak.« – »Reine Vorsichtsmaßnahme, damit es nicht noch einmal runterfällt!«

Die Oberschwester kommt aufgeregt ins Arztzimmer gerannt: »Der Simulant in Zimmer 23 ist gerade verstorben!« »Donnerwetter«, sagt der Stationsarzt, »jetzt übertreibt er aber gewaltig!«

Zwei alte Freunde begegnen sich auf der Straße. Einer von beiden hat nur einen Arm. »Mensch, lange nicht mehr gesehen, was ist denn mit deinem Arm passiert?«
»Ach, ich habe bei einem Kreuzworträtsel eine Operation gewonnen und ich wollte sie nicht verfallen lassen.«

»Mutti, Mutti, ein Junge aus meiner Klasse hat mit einem Mädchen in der Pause Doktor gespielt.«
»Aber das macht doch nichts, mein Kind.«
»Na ja, hast ja recht, der Blinddarm musste sowieso mal raus.«

Zwei Frauen treffen sich nach fünf Jahren wieder.
»Na so was, Gabi, zeig dich mal. Lass dich ansehen. Älter bist du geworden. Ich hätte dich beinahe nicht erkannt.«
»Ja, ja, Helga«, entgegnet die andere und mustert ihr Gegenüber, »dich habe ich auch nur noch an diesem Kleid erkannt.«

Ede zu seinem Kumpel: »Ich bin doch ein feiner Kerl. Ich trinke nicht, rauche nicht, bin meiner Frau absolut treu, gehe jeden Abend um acht ins Bett und stehe jeden Morgen um sieben auf. Aber das sage ich dir: Sobald ich aus der Haft entlassen werde, hört dieser Unsinn auf!«

»Kannst du mir den Begriff ›Heuchelei‹ erklären, Peter?«
»Das wäre so, als wenn ich jeden Tag fröhlich pfeifend in die Schule käme.«

»Nächste Woche wird man Sie mit Blumen und Lobreden überhäufen«, sagt die Wahrsagerin zu ihrem Kunden.
»Aber ich habe weder Geburtstag noch irgendein Jubiläum!«
»Und trotzdem – Sie können mir das glauben. Das ist nun einmal so bei einer Beerdigung.«

»Papi, wir lernen jetzt Orthographie!«
»Typisch Gesamtschule! Die sollten euch lieber Rechtschreibung beibringen!«

Der Lehrer will die Wirkungsweise eines Magneten erklären:
»Es hebt Gegenstände auf, die herumliegen, und fängt mit ›M‹ an.«
Meldet sich Karlchen:
»Ich weiß es: Mutter.«

Der Vater fragt entsetzt seine fünfzehnjährige Tochter:
»Warum liegt denn die Mami bewusstlos am Boden?«
»Selber schuld, was hat sie auch in meinem Tagebuch zu lesen?«

»Wie geht es Ihrem Sohn, Frau Müller?«
»Glänzend. Er ist Bauchredner und verkauft in einem Zoogeschäft Papageien.«

Edmund Jacoby, Rotraut Susanne Berner

Himmel, Hölle, Blindekuh

Kinderspiele für drinnen und draußen

Reihe Hanser dtv 62018

Flaschendrehen, Stille Post oder Sackhüpfen – das sind Spiele, an die sich jeder erinnern kann. Aber wie ging das doch gleich mit dem Gordischen Knoten? Wer muß wen zuerst anfassen? Und vor allem, wie bekommt man ihn wieder auseinander? Kein Problem – in diesem Buch wird alles erklärt. 200 Spiele sind in über 20 Kategorien übersichtlich zusammengefaßt. Und die Kinderspiele werden so einfach erklärt, daß es schon die Kleinsten verstehen. Mit Hilfe der schönen Illustrationen von Rotraut Susanne Berner weiß man sofort, worum es geht.

Theo Engelen

Schatten aus der Vergangenheit

Reihe Hanser dtv 62036

Sander ist mit seiner Familie in ein neues Haus eingezogen. Schnell freundet er sich mit den Nachbarn an. Erik, der so alt ist wie sein Vater, erzählt von der Besonderheit des Hauses: In den vierziger Jahren hat ein Ehepaar in Sanders Haus jüdische Kinder versteckt. Sander lässt die Geschichte nicht mehr los. Heimlich erforscht er den Dachboden und entdeckt per Zufall hinter einer Wand eine kleine Kammer …

Willy Van Doorselaer
Ich heiße Kaspar

Reihe Hanser dtv 62040

Ein kleines Dorf in der Nähe von Gent und nichts los? Nicht bei Kaspar: Er hat Alphabetismus, seit er vier Jahre alt ist. Für Nicht-Eingeweihte: Er liest alles, was er in die Hände bekommt. Zudem ist sein Vater in seinem Beruf als Schuster in seiner »Absatz-Bar« mehr als unzufrieden, doch mit einem genialen Einfall seines Sohnes schafft er den Absprung. Kaspars Leben ist ganz schön turbulent. Aber mit seinem fast unerschütterlichen Selbstvertrauen kriegt er alles in den Griff.

»Ein großartiges, ebenso vergnügliches wie kluges Buch. Aber bitte, bitte, geben Sie es auch ihrem Kind.«

Buchkultur